w_orten
& meer

Lann Hornscheidt
Sprachhaltung zeigen!
Der Argumentationsleitfaden für diskriminierungskritisches Sprechen und Schreiben

1. Auflage, Hiddensee: w_orten & meer, 2021
ISBN 978-3-945644-28-7
Lektorat: Eliah Lüthi. akademie-der-unvernunft.org
Korrektorat: Sharif Bitar. uebletexte.de
Gestaltung: Zanko Loreck
Druck: Oktoberdruck GmbH, Berlin

Dieser Band wurde umweltfreundlich gedruckt:

- auf 100% Recyclingpapier, FSC-zertifiziert mit dem Blauen Engel
- mit mineralölfreien Druckfarben ohne Isopropanol
- ohne Folie kaschiertes Cover
- uneingeschweißt

FSC www.fsc.org RECYCLED Papier aus Recyclingmaterial FSC® C105965

Umfassende Nachhaltigkeit in Bezug auf natürliche Ressourcen und soziales Miteinander ist Verlagskonzept: Strom und Gas für das Büro beziehen wir über Greenpeace Energy, wir reparieren, statt neu zu kaufen, unser Bürobedarf ist ökologisch, und wir versuchen alle Arbeitsprozesse möglichst fair zu gestalten. Wir setzen uns ein für ein wertschätzendes und ressourcenschonendes Sein in Welt.

Printed in Germany.

w_orten & meer GmbH
Verlag für verbindendes diskriminierungskritisches Handeln
Süderende 86, 18565 Insel Hiddensee
Email: kontakt@wortenundmeer.net
www.wortenundmeer.net

Bibliografische Information der Deutschen Nationalbibliothek:
Die Deutsche Nationalbibliothek verzeichnet dieses Publikation in der Deutschen Nationalbibliografie; detaillierte bibliografische Daten sind im Internet über https://portal.dnb.de abrufbar.

Lann Hornscheidt

Sprachhaltung zeigen!

Der Argumentationsleitfaden für diskriminierungskritisches Sprechen und Schreiben

w_orten
& meer

Inhalt

TEIL 3

Warum das Lesen dieses Buches unterstützend sein kann auf dem Weg der eigenen diskriminierungskritischen Sprachrevolution

Sprache diskriminierungskritisch zu gestalten, heißt Respekt zu leben. Sprache ist eine wichtige soziale Handlung. Mit ihr treten Menschen in Kontakt mit anderen, kommunizieren ihre Ansichten und Bedürfnisse, machen ihre Sicht auf die Welt deutlich. Das muss nicht alles bewusst sein, das meiste davon ist es nicht. Menschen benutzen Sprache so, wie sie es von anderen hören, wie sie es gelernt haben und kontinuierlich weiterlernen, wie ihnen ›der Schnabel gewachsen‹ ist. Genau darin liegt häufig die Gefahr: Diskriminierungen werden sprachlich fortgesetzt, wiederaufgenommen, weitergeschrieben. Dieses Buch macht deutlich: Das eigene Sprechen und Schreiben zu verändern, kann die grundlegende Gewalt, die in dieser Gesellschaft immer noch so stark bis in die Grundfesten verankert ist, verändern: kann Zeichen setzen und das eigene Denken sowie die Vorstellungen anderer in Interaktionen verändern. Und auf diese Weise können Rassismus und genderbezogene Diskriminierung, Klassismus, BeHindert-Werden und auch die Normsetzung von Menschen gegen alles andere Lebendige, auch Speziezismus genannt, verändert werden. Wie grandios! Wir Menschen sind alle eine eigene kleine oder große alltäglich mögliche diskriminierungskritische Revolution oder können sie sein!

»Zu laut, zu umständlich, zu teuer, zu unverständlich« – die Abwehr gegen diskriminierungskritische Sprachveränderungen ist so alt wie das Ansprechen und sprachliche Verändern von Diskriminierung selbst – egal ob in den 80er Jahren oder heute, egal, ob es um Straßenumbenennungen geht aus einer antirassistischen Kritik heraus oder um die Ersetzung männlicher Formen als patriarchale, pseudo-allgemeinmenschliche Norm in Formularen, Medien, Schulbüchern und Romanen. Geht es um diskriminierungskritische Sprachveränderungsvorschläge, bleiben die Muster der Abwehr weitgehend gleich. Die Abwehr in all ihren Erscheinungsformen, ob vorgeblich objektiv, anscheinend wissenschaftlich oder unverhüllt emotional, zeigt letztendlich: Sprachveränderungen spielen eine Rolle, sind ein wichtiges Werkzeug zur Veränderung von Wahrnehmungen und Einstellungen. Sie belegt: Sprachliche Handlungen sind machtvoll. Nur das erklärt, warum Menschen, die den Status Quo der diskriminierenden und gewaltvollen Verhältnisse verändern wollen, so vehement bekämpft, verhöhnt, infrage gestellt werden. Und all das macht letztendlich deutlich: Diskriminierungskritische Sprachveränderungen rütteln an den Verhältnissen, fordern eingeschliffene, privilegierte Positionen und normalisierende soziale Verhältnisse immer wieder neu heraus. Das mögen einige Menschen als bedrohlich, verunsichernd und herausfordernd erleben. Entsprechend werden immer wieder neue alte Pseudo-Argumentationen vorgebracht, um die eigene Abwehr zu legitimieren. Für andere aber – Menschen, die rassistisch und genderbezogen diskriminiert und/oder beHindert werden, Menschen, die eine andere, gewaltbefreite Welt wollen, schafft es Anwesenheiten, eröffnet Zugänge und Wirklichkeiten. Für Diskriminierte ist es überlebensnotwendig, erleichternd, differenziert, lebendig, präzise und durch all dies: einfach wunderschön.

Das Buch ist jenen gewidmet, die trotz aller Abwehr, von Lächerlichmachen über Stigmatisieren, Ausschließen bis hin zu Drohen, daran festhalten, dass es eine diskriminierungsbefreite Welt geben kann und darf – auch in sprachlicher Form. Das Buch ist für alle diejenigen, die daran glauben, dass es möglich ist, sprachlich anwesend zu sein und eine Welt zu gestalten in der wir leben wollen und können.

Dieses Buch zeigt: Es geht um Respekt. Diskriminierungskritische sprachliche Veränderungen sind eine Frage der Haltung. Es geht um eine Haltung, die Respekt in den Mittelpunkt stellt und eine entsprechende Gesellschaft will – statt Argumente von Kulturbewahrung anzuführen, (gewaltvolle) Gewohnheiten fortzusetzen, wirtschaftliche oder wissenschaftliche Legitimationen vorzubringen, statt über Respekt nachzudenken. Das eigene sprachliche Handeln zu verändern ist die dazu notwendige und mögliche eigene alltägliche Revolution.

Das Buch ist gedacht als Inspiration, argumentative Unterstützung und Selbstreflexion für diejenigen, die ihren eigenes Sprachhandeln als politisches Werkzeug ernst nehmen und die sich auf den Weg zu einer gesellschaftlichen Veränderungen begeben wollen.

Menschen kommunizieren, sprechen oder schreiben täglich, hören zu, lesen etwas, interagieren, auch durch Wegschauen, sich nicht äußern, Schweigen. Alles das machen Menschen sowieso die ganze Zeit. Und das Schöne ist: all das kann auch diskriminierungskritisch gemacht werden. Das ist ein so großes Geschenk und eine solch grandiose Möglichkeit sich einzumischen:

- ★ **Du kannst sprechend und schreibend handeln.**
- ★ **Du kannst dich selbst kreativ und anwesend durch und mit einer selbstbestimmten Sprache ausdrücken.**
- ★ **Du kannst mit deinem Sprechen und Schreiben in diskriminierende Verhältnisse eingreifen.**
- ★ **Du kannst andere, die diskriminiert werden, mit deinem Sprachhandeln anwesend machen und so inspirieren, unterstützen, begleiten, ansprechen.**

- ★ **Du kannst andere, die diskriminiert werden, mit deinem Sprachhandeln dazu ermutigen, auch selbst diskriminierungskritisch aktiv zu werden.**

- ★ **Du kannst nicht nur deine Wirklichkeit, sondern auch die Wahrnehmungen und Wirklichkeitsvorstellungen anderer berühren und sie nachhaltig verändern.**

Das zeigt: Alle Menschen sind Diskriminierungsverhältnissen nicht 100 % ausgeliefert. Auch wenn vieles nicht auf Anhieb und schon gar nicht alleine nachhaltig verändert werden kann, das eigene Schreiben und Sprechen kannst du verändern. Und das ist häufig ein wichtiger Baustein dafür, dass sich Vorstellungen verändern können und die Verhältnisse beginnen können zu tanzen. Du kannst mit deinem Sprachhandeln die Verhältnisse zu einem bestimmten Grad also selbst mitgestalten. Das kann ganz viele verschiedene Formen annehmen, zum Beispiel:

- ★ **Du kannst nachfragen, wenn dir Äußerungen unverständlich erscheinen, weil du dich nicht angesprochen fühlst. Oder weil du das Gefühl hast, dass nicht alle Anwesenden respektvoll und gleichermaßen angesprochen sind.**

★ Du kannst überhaupt aufhören dich angesprochen zu fühlen durch diskriminierende Sprachformen und Äußerungen.

★ Du kannst unter deine E-Mails einfügen, welches Pronomen du benutzt für dich und dass du dich freust, wenn das Gegenüber dir mitteilt, welches Pronomen es für sich wünscht.

★ Du kannst aufhören mitzulachen bei diskriminierenden Witzen.

★ Du kannst andere Anreden, Witze und sprachliche Bilder in deinem alltäglichen Kommunizieren gestalten.

★ Du kannst dir neue Namen geben, die nicht auf irgendwelche soziale Identitäten schließen lassen in diskriminierenden Vorstellungen.

★ Du kannst Menschen positives Feedback geben, wenn sie Dinge sagen und schreiben, die dir gut tun und dich unterstützen.

Und vieles mehr.

Du kannst auf diese Weise alltäglich und weit über Wahlen oder Likes auf Facebook und Instagram hinaus die Gesellschaft mit gestalten.

Du kannst selbst darauf hinarbeiten, dass die sprachlichen Bilder und gedanklichen Vorstellungen, die in der Welt sind, sich verändern. Du kannst andere Wirklichkeiten wiedergeben und so zu anderen Vorstellungen von der Welt anregen.

Dieses Buch erläutert im **ersten Teil** die Schönheit, Wirkmächtigkeit und Möglichkeit von diskriminierungskritischen Sprachveränderungen. Dieser Teil will Mut machen, sprachliche Anwesenheit zu wagen. Er liefert eine Übersicht über die Aspekte, die für die Entscheidung für eine diskriminierungskritische Sprache relevant sein können. Die Zusammenstellung ist dazu gedacht, dass du deine eigene Sprachmächtigkeit spüren und merken kannst. Dieser Teil kann dir dabei helfen, dir klar darüber zu werden, dass das eigene Sprechen und Schreiben ein wichtiger Baustein eines diskriminierungskritischen Handelns in der Gesellschaft sein kann. Dein eigenes Sprechen und Schreiben kann eine diskriminierungskritische Haltung ausdrücken. Eine solche Haltung ist für mich vor allem Ausdruck von Respekt. Dies bedeutet auch: Dass es unterschiedliche Seinsweisen und Handlungsformen gibt, um mit Diskriminierung im eigenen Leben und in der Gesellschaft umzugehen. Die Baseline ist für mich jedoch immer: Respekt.

Sprachhandeln ist so oder so immer ein Gestalten von Welt.

Redest und schreibst du so, wie du es in der Schule gelernt hast und wie es benotet wurde, so, wie es dir viele vormachen und du es in den Medien lesen kannst oder in akademischen Texten, handelst du ebenso, wie wenn du deinen eigenen Stil und Ausdruck findest. Dein Sprachhandeln ist so oder so politisch.

Die Frage ist: Welche Form von Politik willst du durch dein Sprachhandeln gestalten?

Die Re_Aktionen werden sehr verschieden sein, je nachdem, ob du dich sprachlich an herrschende Normen anpasst oder ob du einen eigenen diskriminierungskritischen Stil findest. Das Buch handelt von den Herausforderungen, die ein diskriminierungskritisches Sprachhandeln mit sich bringt und wie du damit umgehen kannst.

Dieser erste Teil ermuntert dich also auch dazu, dir dein eigenes Sprechen und Schreiben anzueignen, dich als sprachhandelnd zu verstehen und dir Sprache als ein kreatives, sich äußerst dynamisch veränderndes Ausdrucksmittel zu eigen zu machen.

Im **zweiten Teil** des Buches werden deine möglichen Zweifel aufgegriffen und Vorschläge gemacht, wie du selbstsorgend und dich empowernd agieren kannst, wenn du versuchst, dein Sprachhandeln diskriminierungskritisch zu gestalten. Sprache ist ein total wichtiges Handlungsinstrument in dieser Gesellschaft. Die Abwehr dagegen, dies diskriminierungskritisch zu gestalten, ist entsprechend hoch.

Denn die Gesellschaften sind in ihren Grundfesten diskriminierend. Das zeigt sich eben auch darin, wie sich Sprachnormen verfestigt haben und wie manche daran festhängen, genau diese Sprachnormen nicht zu hinterfragen und zu verändern. Die Zweifel, die dir in deinem diskriminierungskritischen Sprachhandeln kommen können, sind in meiner Erfahrung häufig genährt von Abwehrmechanismen, die du immer wieder von außen zu hören bekommst: warum Sprachveränderungen lästig seien, unnötig, unverständlich, unästhetisch, elitär, politisch korrekt, eine Sprachpolizei und vieles mehr. Diese Formen von Argumentationen nenne ich abwehrende Äußerungen in diesem Buch. Sie sind so langlebig und werden so machtvoll seit Jahrzehnten immer und immer wieder hergeholt, dass es das wert ist, sich die eigene Position dazu zu vergegenwärtigen. Dazu soll dieser zweite Teil Hilfestellungen geben.

Das Buch zeigt: Es gibt allgemeine, hinter einzelnen Diskriminierungsformen liegende machtvolle Muster dazu, wie politisches Handeln und wie Sprache aufgefasst und abgewehrt werden. Viele der abwehrenden Äußerungen sind recht identisch – egal, ob eine anti-rassistische Diskriminierung dadurch beendet werden soll oder eine genderbezogene. Auch die Motivationen zum diskriminierungskritischen Sprachhandeln sind über verschiedene Diskriminierungsformen ähnlich oder sogar identisch. Die Muster der Abwehr diskriminierungskritischen Sprechens und Schreibens gehen über die Unterteilung in einzelnen Diskriminierungsformen hinaus. Dies zu verstehen, bietet eine Möglichkeit für Aktivistens, die diese verschiedenen Diskriminierungsformen versuchen zu transformieren, sich miteinander zu verbinden. Es eröffnet dir die Möglichkeit, Gemeinsamkeiten in der diskriminierungskritischen Arbeit wahrzunehmen und zusammen mit anderen solidarisch zu handeln, die auch gegen Diskriminierung arbeiten mit vielleicht anderen Schwerpunktsetzungen.

Im **dritten Teil** des Buches werden die Muster der Abwehr noch mal genauer angeschaut. Es gibt eine Zusammenstellung von abwehrenden Äußerungen. Sie werden dort analysiert und ihnen Handlungsmöglichkeiten gegenüber gestellt. Um nicht in diesen häufig destruktiven abwehrenden Äußerungen zu versinken, bietet der Teil zusätzlich Körperübungen, die dir helfen, dich nicht zu verlieren. Es gibt auch Beispiele für mögliche Gesprächsangebote, hörst du abwehrende Äußerungen.

Im abschließenden **vierten Teil** des Buches öffnet sich die Wahrnehmung noch mal hin zu der Idee von Kommunizieren als Verbunden-Sein, als Lebendig-Sein und als Respekt zu leben. Hier gibt es also noch mal einen ganz anderen, großen Rahmen zu der Frage der diskriminierungskritischen Sprachhaltung als Teil einer respektvollen Veränderung der Welt.

WIE IST DAS BUCH ZU LESEN?

Alle Teile sind einzeln lesbar. Auch alle kleinen Unterteile in den jeweiligen Teilen stehen für sich. Du kannst also vom Inhaltsverzeichnis aus schauen, was du gerade brauchst, zu welchen Fragen du Inspiration bekommen willst. Alle Teile beleuchten die Frage der diskriminierungskritischen Sprachhaltung jeweils von unterschiedlichen Perspektiven aus. Alle Teile sind so formuliert, dass du als Mensch, der diskriminiert wird und der du deine Sprache diskriminierungskritisch veränderst oder verändern willst, direkt angesprochen bist. Für alle anderen ist es natürlich auch wichtig, inspirierend und lehrreich das Buch zu lesen. Angesprochen bist jedoch explizit du als Sprachaktivistens zur Veränderung diskriminierender Verhältnisse. Das Buch soll dich inspirieren und dich ermutigen und unterstützen darin, deinen Weg zu gehen und deine diskriminierungskritische Sprachhaltung zu zeigen, zu leben, zu teilen. Es ist dazu gedacht, dich und deine Lebendigkeit, dein Engagement und deinen Glauben an eine diskriminierungskritische Veränderbarkeit der Gesellschaft zu unterstützen. Was wäre die Welt ohne dich? Ich bin dir und euch allen sehr dankbar für euren und unseren Aktivismus, der sich nicht vereinnahmen lässt, der an Diskriminierungsfreiheit glaubt. Danke!

Dieses Buch will diskriminierungskritische Sprachveränderungen! Immer wieder, immer wieder neu, immer wieder anders. Das Buch bietet dir eine große Sammlung von Motivationen, Argumenten und Erklärungen für einen solchen Sprachaktivismus. Es gibt dir Hilfestellungen, abwehrende Äußerungen als solche zu verstehen und dich zu ihnen innerlich oder auch äußerlich im Kommunizieren zu verhalten. Das Buch gibt dir Ideen dazu, wie du mit den verschiedenen Formen von Abwehr gegen politische Sprachveränderung konstruktiv für dich selbst, in deinen Communities und auch in der Begegnung mit Menschen in Abwehr umgehen kannst.

Es war wichtig für mich dieses Buch zu schreiben nach vielen Jahrzehnten, in denen ich mit den immer gleichen, sich nur leicht variierenden abwehrenden Äußerungen und Mechanismen konfrontiert gewesen bin. Ich habe sie erlebt in Vorträgen, Politgruppen, Seminaren und Workshops, ganz regelmäßig aus den Medien, in meinem Bekanntenkreis, meinem Wohnumfeld, den öffentlichen Verkehrsmitteln, dem Einkaufsladen, also eigentlich überall. Überall, wo ich diskriminierungskritisch hinhöre. Überall, wo ich mich diskriminierungskritisch äußere und andere Menschen dies ungewohnt finden.

Für mich ist es wichtig, nicht zu verbittern über die Langlebigkeit der Abwehr, sich mit struktureller Gewalt zu beschäftigen. Für mich ist es wichtig, offen, interessiert und neugierig zu bleiben – sofern die Kommunikationen von einer respektvollen Haltung getragen sind. Nur so schaffe ich es, nicht in die Gewaltspiralen einzusteigen, die mir mit der Abwehr immer wieder entgegen gebracht werden. Ich versuche hier, meine Erfahrungen und Reflexionen für mich selbst und für andere selbstermächtigend zu formulieren. Ich habe dieses Buch geschrieben mit dem Wunsch, die Schönheit und Möglichkeit einer diskriminierungskritischen Weltveränderung durch Sprachhandeln zu teilen. Es gibt mir und hoffentlich vielen anderen Inspirationen dazu, wie du auf immer wiederkehrende abwehrende Äußerungen und respektlose Verhaltensweisen re_agieren kannst – innerlich und manchmal auch äußerlich; es hilft dir hoffentlich zu verstehen, wieviele verschiedene Re_Aktionsmöglichkeiten du hast. Es bereitet dich darauf vor, was du vielleicht zu hören oder lesen bekommst, wenn du diskriminierende Sprachkonventionen herausforderst, dir andere Kommunikations- und Sprachformen wünscht und diese ausprobierst im Kommunizieren mit anderen. Es kann dir hoffentlich dabei helfen, bei dir zu bleiben, deine Politiken immer wieder neu zu reflektieren und mit anderen zu diskutieren. Und es lässt dich hoffentlich merken: du bist damit und darin nicht allein!

Das Buch ist auch mit der Überzeugung geschrieben, dass diskriminierungskritische Sprachveränderungen ein wichtiger Teil sozial notwendiger Veränderungen sind. Viele wichtige politische Transformationen beginnen mit Sprachveränderungen:

- eine neue Selbstbenennungsform für eine politische Gruppe;
- die Übernahme einer diskriminierenden Form in empowernder Weise durch diejenigen, die diskriminiert werden, wie queer, Schwarz, BeHindert;
- die Vermeidung bestimmter Begriffe und Ausdrucksweisen;
- die Veränderung von Kommunikationsverhalten;
- die Neubewertung von Kommunikationsverhalten.

In gewisser Weise habe ich das Buch auch mit einer vielleicht naiven Fassungslosigkeit geschrieben:

- Wie lange schon gibt es diskriminierungskritische Sprachveränderungen?
- Wie lange schon verändern politische Gruppen und Einzelpersonen Sprachformen?
- Wie lange schon versuchen Leute Sprache zu verändern, um anwesender zu sein?
- Oder um sich nicht immer wieder unangemessen und respektlos angesprochen zu fühlen?
- Um auch sprachlich handelnd darauf hinzuweisen, dass es grundlegende Diskriminierungen gibt?

Und wie häufig höre und lese ich die immer wiederkehrenden gleichen abwehrenden Äußerungen, warum Sprache nicht verändert werden darf, warum neue Sprachformen »nicht gehen«, warum das unökonomisch, lästig, schwierig, unverständlich und vieles mehr sei.

Das Buch ist geschrieben für alle Menschen, die mit Sprachveränderungen als politischem Instrument arbeiten. Ich habe es geschrieben mit großem Respekt für euren_unseren tagtäglichen Aktivismus, in Dankbarkeit für eure_unsere zahlreichen kreativen, mutigen, hoffnungsvollen, anwesenden und nicht aufgebenden Inspirationen. Ich widme es allen, die sich durch das Buch darin bestärkt fühlen, mit ihrem Sprachhandeln eine diskriminierungskritische Haltung zu leben.

Danke an alle Menschen in Workshops und Vorträgen, in E-Mails und Gesprächen für eure eingelassenen Nachfragen.

Danke Henni für unser bereits Jahrzehnte andauerndes, kontinuierliches, immer wieder neu Diskutieren von diskriminierungskritischen Sprachfragen. Für dein unablässiges Interesse, deine unglaubliche Unterstützung und Offenheit für meine gefühlt täglich hundert neuen Ideen.

Danke Ja'n für das sehr lange Zusammenarbeiten zu diesem Thema und unsere alltäglichen Gespräche dazu.

Danke Anita für unser gemeinsames Suchen einer Vermittlung davon, wie wichtig Sprache ist, um Diskriminierungen zu transformieren.

Danke Elih für dein Lebens-Mitbewegen der Inhalte und dein so so tolles, differenziertes, produktives und inspirierendes Lektorieren dieses Buches.

Danke Zanko für die supertolle grafische und satzmäßige Umsetzung, vom Cover bis zu jedem Abschnitt.

Danke Sharif für dein mitdenkendes Korrektorat.

TEIL 1

Warum diskriminierungskritisch sprachhandeln? Politische, anwesende, Welt transformierende Motivationen

DIE BASICS

Politische Sprachveränderungen sind wichtige Handlungen, um die Welt diskriminierungsfreier zu gestalten!

Diskriminierungskritische Sprachveränderungen sind nicht nebensächlich, ganz im Gegenteil. Diskriminierungskritische Sprachveränderungen sind ein zentraler Teil aller politischen Bewegungen, die sich dafür einsetzen, Diskriminierungen zu überwinden. Dazu gehören sprachverändernde Handlungen wie:

- das Anmahnen, wenn rassistische Begriffe benutzt werden;
- das Ansprechen, wenn beHinderten-feindliche Sprachbilder verwendet werden (»Das sieht ja sogar ne Blinde!«, »Bist du irre oder was?«);
- das Wiederaneignen diskriminierender Begriffe durch Diskriminierte, die diese Begriffe so positiv empowernd aufladen und verwenden (Weib, Schwarz, Krüppel, BeHindert);
- das Erfinden neuer Begrifflichkeiten, um sich von diskriminierenden Begriffen abzuwenden (PoC, die Endung x, ex, ens …).

Es gibt viele wichtige, einleuchtende, selbstverständliche und schöne Gründe, das eigene Sprechen und Schreiben diskriminierungskritisch zu gestalten.

Manchmal kann es dir helfen, dir selbst noch mal klar darüber zu werden, wie wichtig diskriminierungskritisches Sprachhandeln für dich ist und warum du das machst. Es kann helfen in Momenten, in denen du dich isoliert, angegriffen und zweifelnd findest dazu, ob das alles überhaupt was bringt und die Mühe lohnt. Die kurze Antwort: Es lohnt die Mühe! Es macht Sinn! Und es macht Spaß – da es neue Anwesenheiten eröffnet und dir das Gefühl geben kann, dein Leben selbst mitzugestalten!

Du willst politisch aktiv werden.

Ich will etwas verändern, einen Unterschied machen. Ich will nicht länger nur mich aufregen über das, was schlecht läuft und gewaltvoll ist. Ich will endlich handeln. Das eigene Sprechen und Schreiben zu verändern ermöglicht all das – einfach und schnell, effektiv und alltäglich.

Du willst, dass die Welt so gewaltfrei wie möglich ist!

Und du willst deinen Teil dazu beitragen, indem du selber keine Gewalt ausübst. Dein Sprechen und Schreiben ist ein Instrument, welches du kontinuierlich zur Verfügung hast. Du brauchst keine Hilfsmittel, keine Geräte, keine Ausbildung. Du kannst das, was du sowieso machst – Sprechen und Schreiben, dich Mitteilen über verschiedene Kommunikationskanäle – weitermachen und gleichzeitig genau damit Welt verändern! Indem du sprachlich die Möglichkeit einer gewaltfreien Welt schaffst.

Du willst respektvoll sprechen und schreiben.

Du willst offen sein für Veränderungen im Schreiben und Denken. Sprache ist dynamisch, verändert sich kontinuierlich. Du passt deinen Sprachgebrauch kontinuierlich Situationen an – welchen Stil du benutzt, welches Vokabular, welche Höflichkeitsformen, welchen Jargon. Dies machst du, um gehört zu werden, um verstanden zu werden, um dazuzugehören. Diskriminierungsfrei zu sprechen ist genau sowas: Ein Stil, eine Höflichkeitsform, ein Zeichen des Respekts, ein Jargon, mit dem du zu verstehen geben kannst: Hey, mir ist es nicht egal, wie es anderen geht mit meinem Kommunizieren. Wie andere Menschen sprachlich behandelt werden. Mir ist es nicht egal, wie ich über Menschen und ihre Bedürfnisse hinweggehe. Oder wie ich Menschen sprachlich zuschreibe. Sprache diskriminierungskritisch kontinuierlich zu verändern ist also einfach ein Teil der kontinuierlich sowieso stattfindenden Veränderung von Sprache, der du durch dein bewusstes Handeln eine diskriminierungskritische Note – oder mehr noch: eine diskriminierungskritische Grundlage – geben kannst. Du bist so oder so ein aktiver Teil der kontinuierlich stattfindenden Sprachveränderung. Und hast also die Möglichkeit, diese diskriminierungskritisch zu gestalten!

Du willst dazu beitragen, dass die Welt nicht immer gewaltvoller wird, dass sich Rassismus und genderbezogene Gewalt nicht immer weiter ausbreiten.

Du willst dein Leben aktiv, aufmerksam und respektvoll leben. Du willst dein Leben selbst bestimmen und nicht erst anfangen zu handeln, wenn es brennt oder knallt. Dein Sprechen und Schreiben ist ein hervorragendes Medium dafür. Denn Gewalt beginnt in den allermeisten Fällen mit Worten. Zuerst werden Menschen in Gruppen eingeteilt. Das wird sprachlich gemacht: »Wir« und »die Anderen«. Dann werden diese Unterschiede bewertet: Wir, die Normalen, und die Anderen. Die Komischen, Seltsamen, Auffälligen, Nicht-Passenden. Diese Bewertungen werden häufig gar nicht als solche wahrgenommen, sondern als Beobachtungen aufgefasst. Dass das Wir dabei gar nicht weiter benannt wird, fällt meistens nicht auf. Das »Wir« wird auf diese Weise zu »die Normalen«, zum selbstverständlichen Ausgangspunkt. Die Bewertungen der Anderen werden häufig als natürlich erklärt. Sie werden auf eine ganze Gruppe verallgemeinert, Menschen werden nicht mehr als Individuen wahrgenommen, sondern nur noch als Vertretens einer Gruppe (der Anderen). Häufig werden die Anderen verantwortlich gemacht für große Übel, wird ihnen Boshaftigkeit und Kriminalität zugeschrieben, werden sie als fremd, anders, bedrohlich dargestellt. Das ist der erste Schritt. Der ist häufig nicht nur in Alltagsgesprächen, sondern vor allem auch von den Medien befeuert. Daraus resultiert dann auch körperliche Gewalt, gesetzliche Ausschlüsse usw. Die Basis dafür aber ist immer die sprachliche VerAnderung und Negativbewertung. Das heißt: ein diskriminierungskritischer Sprachgebrauch ist eine wichtige Handlungsweise, um Gewaltstrukturen nicht hinzunehmen, nicht stillschweigend zu akzepieren, sondern um sie herauszufordern. Um Gewalt möglichst im Keim schon zu verhindern. Das ist möglich durch ein eigenes sensibilisiertes Sprechen und Schreiben! Das ist Sprachhaltung zeigen!

Es gibt viele Handlungsweisen, um dies zu erreichen. Einige davon:

★ **Achtsam Menschen anreden und die Wünsche nach Anreden Diskriminierter respektieren.**

★ **Über Menschen reden, ohne sie zu bewerten und ihnen pauschal Bewertungen und Eigenschaften zuzuschreiben**

★ **Aktiv zuhören, das heißt nachfragen, wenn du etwas nicht verstanden hast; Äußerungen noch mal in den eigenen Worten wiedergeben, um**

sicher zu gehen, dass du richtig verstanden hast, was die andere Person dir sagen will

- ★ **Nicht mitlachen, wenn diskriminierende Äußerungen gemacht werden, zum Beispiel vorgebliche Witze oder abwertende Äußerungen über andere**

- ★ **Nicht weghören, wenn du gewaltvolles Sprechverhalten anderer mitbekommst, sondern Stellung beziehen und gegebenenfalls deeskalieren**

Du willst dich differenziert und präzise ausdrücken.

Du willst verstanden werden, du willst dich mitteilen und nicht einfach irgendwas nachplappern. Diskriminierungskritisch zu sprechen und zu schreiben ist ein wichtiger Teil eines präzisen Ausdrucks. Es bedeutet zum Beispiel, nicht alle Menschen durch eine pseudogenerische Form zusammenzufassen, die aber eigentlich nur eine sehr privilegierte Gruppe aufruft und so als allgemein herstellt. So wie die männliche Form »Leser« als allgemeinmenschlich aufgefasst wird; Laufen oder Gehen als allgemeine Fortbewegungsnorm und Sehen als allgemeine Wahrnehmungsform vorausgesetzt wird; oder wenn Christ*innentum als kulturelle Grundlage in der Gesellschaft vorausgesetzt wird, wie es sich in Feiertagen zum Beispiel niederschlägt. Das sind nur einige Beispiele unter vielen. Und es gilt für alle Diskriminierungsformen: Privilegierte Positionen werden nur sehr selten als eine Position unter anderen benannt. Nur die diskriminierten Positionen oder Personen werden als solche benannt: Frauen und trans* Personen, muslimische Menschen, Menschen, die blind sind … Auf diese Weise stellt sich immer wieder neu der Eindruck her, dass Privilegierte einfach nur normal seien und keine besondere Gruppe. Sich präzise auszudrücken bedeutet also, alle Gruppen als gleichrangige Gruppen zu bezeichnen und nicht nur einige von ihnen. Es könnte auch bedeuten erst gar keine Gruppen sprachlich herzustellen, sondern Menschen als Menschen wahrzunehmen. Und genauer zu überlegen, was gerade in der Äußerung, die du machen willst, eigentlich relevant ist als Aussage zu diesen Menschen.

Sich präzise auszudrücken könnte dann bedeuten, dass du sprachlich keine Umwege nimmst über Genderungen, Rassifizierungen, Darstellungen von visuellen Eindrücken wie Körperaussehen, bestimmte, sichtbare BeHinderungen oder Zuschreibungen von psychischen Einschränkungen, Hauttönungen usw. »Es könnte« heißt, dass du dir genau überlegst, was du sprachlich gerade aufrufen und auf diese Weise herstellen willst. Es kann hilfreich sein, dich zu fragen: Beobachte ich oder bewerte ich? Beobachte und benenne ich, was relevant ist für die Situation oder greife ich auf pauschale Vorstellungen und Wahrnehmungen zurück?

Dich präzise auszudrücken bedeutet also, zu trennen zwischen dem, was du meinst beobachten zu können und möglichen Bewertungen, die du in der sprachlichen Benennung vornimmst.

›Siehst du die wunderschöne Frau dort drüben?‹

Das ist eine Interpretation von Genderzuschreibungen und zugleich eine Bewertung auf einer Schönheitsskala. Da vorher Weiblichkeit benannt wurde, sind es vermutlich gegenderte Schönheitsvorstellungen. Bewertungen sind immer gut zu überlegen und der Rahmen, innerhalb dessen die Bewertung vorgenommen wird und wo die Bewertung herkommt, ist möglichst explizit zu machen. Der letzte Satz wäre umformuliert dann beispielsweise:

»Ich finde es wunderschön, wenn ich den Eindruck habe, dass Menschen klar und fest im Leben stehen. Siehst du die Person dort drüben? Die finde ich richtig wunderschön, weil ihr Gang und ihr Gesichtsausdruck das bei mir an Assoziationen weckt!«

Dich präzise auszudrücken führt zu weniger Missverständnissen und zu einer größeren Klarheit im Kommunizieren. Dich präzise auszudrücken bedeutet, Kommunikation zu wertschätzen und ihr einen angemessenen Raum zu geben im Miteinander mit Anderen.

Es trägt zu einem gewaltfreieren Zusammenleben von Menschen bei.

In eine selbst-affirmative Äußerung übertragen, könnte das dann so klingen:

Du willst eine Welt schaffen, in der du selbst und alle Menschen vorkommen.

Du willst dein eigenes Denken davon befreien, dass du minderwertig, nicht existent oder lästig bist. Diese Glaubenssätze *würden* zum Ausdruck bringen: du weißt, wie du selbst von Diskriminierungen geprägt bist. Wie du die Diskriminierungen, die du erfahren hast als von Rassismus betroffener Person oder als BeHindert werdende Person oder als Person, die genderbezogene Diskriminierung erlebt, häufig als persönliches Versagen genommen hast. Dich selbst nicht mehr normal gefunden hast, dich selbst verantwortlich gemacht hast für deine Schwierigkeit, in der Gesellschaft zu sein. Das alles wären Formen verinnerlichter Diskriminierung. Dich selbst nicht abzuwerten, dir selbst liebe- und respektvoll zu begegnen – auch im Kommunizieren – kann eine wichtige Strategie sein, eine diskriminierungsfreie Welt zu gestalten. Zu dem politischen Gehalt eines respektvollen Selbstbegegnens habe ich das Buch *Zu Lieben. Lieben als politisches Handeln* (3. Auflage 2021 w_orten & meer) geschrieben. Dort wird diese Haltung anhand vieler Beispiele und Übungen vermittelt.

Dich präzise und nicht bewertend ausdrücken zu wollen, könnte auch in den folgenden Glaubenssatz münden:

Du willst aufhören dich und andere Menschen nicht als Menschen zu sehen.

Du willst aufhören, Menschen immer zuerst mit einer Gruppenzugehörigkeit zu belegen, in Schubladen zu stecken, sie und dich zu bewerten (»die Frau«, »der Schwule«, »die beHinderte Person …«). Menschen nicht mehr einzuteilen – nach Gender, rassifizierten Vorstellungen, Vorstellungen von BeHindert-Werden – entlässt die eigene Wahrnehmung aus den sozialen Korsetts von Kategorien. Es ermöglicht eine Wahrnehmung anderer Menschen, die nicht immer zuerst über eine sozial geformte Brille geschieht. Wünsche danach, nicht zu interpretieren und zu bewerten, sondern Menschen einfach zu beobachten, lassen sich umsetzen, indem Menschen ohne die sozialen Kategorien und ihre Zuschreibungen (männlich, trans*, weiblich, homosexuell, beHindert …) als Menschen wahrgenommen werden können. Auf diese Weise kannst du mit daran arbeiten, dass die machtvollen, gewaltvollen sozialen Kategorien als das erkannt werden können, was sie sind: soziale Kategorien, die Menschen zuschreiben und ihnen nie gerecht werden können. Anzufangen Menschen als Menschen wahrzunehmen, verändert die eigene Wahrnehmung mehr und mehr. Sprachlich sich nicht bei der Bezugnahme auf Menschen auf vorgefertigte Kategorisierungen zu stützen, die machtvolle zuschreibende Bilder aufrufen, kann eine wichtige Strategie sein, um strukturelle Diskriminierung ganz grundlegend aufzugeben. In dem Buch *Exit Gender* (2. Auflage 2021 w_orten & meer) schreiben Lio Oppenländer und ich mehr dazu. Wichtig ist es, zu differenzieren zwischen der Zuschreibung einer sozialen Kategorie an eine Person (»Das ist eine Frau/Italienerin/Taube …«)

und der Benennung von strukturellen Gewaltverhältnissen (»Die Person wird über genderbezogene/nationalitätsbezogene/beHindernde Gewalt... diskriminiert«).

Du willst dich schön und ästhetisch ansprechend ausdrücken!

Zu versuchen, dich möglichst diskriminierungsfrei zu äußern, ist wunderschön. Es ist ausgesprochen ästhetisch, die Möglichkeiten deines eigenen Sprachhandelns auszuschöpfen und zu erweitern. Du kannst Sprache als ein offenes, dynamisch jederzeit veränderbares Instrument verstehen, um den eigenen Wunsch nach Respekt, Wertschätzung und Gewaltfreiheit auszudrücken. Denn: Die Abwesenheit von Gewalt ist schön. Gewaltfreiheit ist schön. So hässlich wie Gewalt insgesamt ist auch eine gewaltvolle Sprache hässlich. Herrschende Normsetzungen dazu, was schön ist, sind Ausdruck herrschender Machtverhältnisse – und transportieren entsprechend ein Ästhetik-Empfinden, welches selbst auch hässlich ist. Es kann sogar so weit gehen, dass Ästhetik-Vorstellungen, die nicht positioniert sind, Gewalt verdecken und normalisieren.

Wenn gewaltvolle Äußerungen als ästhetisch oder als kulturelles Erbe betrachtet werden, sagt dies etwas zur vielleicht unbewussten Einstellung zu ebendieser Gewalt aus. Gängige, konventionelle Bewertungen nicht länger mitzumachen, sondern eigene diskriminierungskritische Bewertungen zu finden und sprachlich umzusetzen kann dein Ausdruck einer diskriminierungskritischen

Sprachhaltung sein. Zu versuchen, dich gewaltfrei auszudrücken, ist also ein lebenslanges Projekt eines möglichst ästhetischen, wunderschönen Sprachgebrauchs.

Politische Sprachveränderungen sind: präzise, differenziert, schön und ästhetisch, immer möglich, kreativ und kontinuierlich neu, gestalten Welt und eröffnen Welt – und sie machen Spaß!

Egal, wie abwehrende Äußerungen aussehen, welche Normen sie aufrufen und welche Autoritäten wie Wissenschaft und Politik sie äußern – ganz persönlich eine diskriminierungskritische, respektvolle Sprachhaltung zu zeigen heißt, dich nicht auf Äußerungen einzulassen oder durch diese verunsichern zu lassen, die kein offenes oder wirkliches Kommunikationsangebot sind und letztendlich nur deine eigene Klarheit und Überzeugung versuchen anzuzweifeln. Eine solche Sprachhaltung zu zeigen ist Ausdruck deiner Überzeugung, dass die Welt diskriminierungskritisch verändert werden kann und dass es an dir und allen anderen liegt, dies umzusetzen.

Sprachhaltung zu zeigen ist deine eigene alltägliche Sprachrevolution.

Für deine eigene diskriminierungskritische Sprachhaltung braucht es keine große Gruppe, kein Manifest, keine gesetzlichen Regelungen und keine Kurse. Sprachhaltung zu zeigen ist eine Form von Aktivismus, die du jederzeit verwirklichen kannst.

DIE ALLTÄGLICHEN HERAUSFORDERUNGEN DISKRIMINIERUNGSKRITISCHER SPRACHE

Alle eigenen diskriminierungskritischen Überzeugungen und Gründe, warum es schön und wichtig ist, den eigenen Sprachgebrauch diskriminierungskritisch zu verändern und dafür einzustehen, können manchmal herausgefordert werden.

Immer wieder gibt es die inneren und vor allem äußeren Herausforderungen an den eigenen Sprachaktivismus. Auch wenn diskriminierungskritische Sprachveränderungen eine einfache, da alltägliche Form des politischen Aktivismus sind, sind sie doch gleichzeitig einer extrem hohen Abwehr und alltäglichen Häme ausgesetzt. Da Sprachgebrauch alltäglich ist, triffst du mit einer diskriminierungskritischen Sprachhaltung potentiell kontinuierlich auf Re_Aktionen. Viele sind wertschätzend, neugierig und interessiert. Viele sind aber auch Abwehr und Widerwille gegen die Inhalte und diese Form deines Aktivismus. Außerhalb möglicher Kontexte, in denen deine diskriminierungskritischen Auffassungen geteilt werden, gibt es möglicherweise wenig Erholung und Unterstützung für deine sprachaktivistischen Entscheidungen. Dauernd von außen Skepsis, Ablehnung, Unverständnis und negative Emotionen als Antworten auf das eigene Worten zu bekommen, kann auch zu unterschiedlichen Formen von Verinnerlichung der so immer wieder neu aufgerufenen Abwertungen und Diskriminierungen führen. Stärke, Mut, ein akzeptierender sozialer Kontext, deine politische Überzeugung und dein Wunsch nach eigener umfassender Anwesenheit können wichtige Hilfen für dich sein, um in immer mehr Kontexten sprachaktivistisch zu handeln. Sind alle diese Faktoren nicht da, kann es noch schwieriger sein, als es sowieso schon ist. Denn diskriminierungskritischer Sprachaktivismus ist nicht verdeckt, er ist hör- und lesbar, er ist persönlich rückführbar auf dich (in der Regel) und er macht dich in gewisser Weise ausgesetzt. Jegliches Hadern, Zweifeln, Zögern, Angst und Verunsicherung sind also mehr als verständlich, und es ist in meiner Wahrnehmung gut, sich selbst Einfühlung zu geben dafür, dass diese Form des diskriminierungskritischen Aktivismus alles andere als einfach ist.

Auch wenn diskriminierungskritische Sprachveränderungen an sich einfach zu machen sind, da du sie tagtäglich selbst und alleine durchführen kannst im eigenen Sprechen und Schreiben, kann die Abwehr auch dazu führen, dass du dich isoliert fühlst in Kommunikationssituationen, in denen die eigenen sprachlichen Entscheidungen von allen Seiten angegriffen werden. Das Wichtigste hier ist also zu verstehen, wie schwierig und ausgesetzt eine diskriminierungskritische Sprachhaltung sein kann, umso mehr du dich ›nach draußen‹ wagst – in Situationen, in denen du Menschen vielleicht nicht kennst, in denen Menschen dir nicht offen, interessiert und neugierig begegnen. Es ist gut, wenn du dir das bewusst machen kannst und Verständnis dafür haben kannst dir selbst gegenüber, dass es nicht jeden Tag und in jeder Situation gleich leicht ist, diskriminierungskritisch zu sprachhandeln. Es geht vielen so wie dir. Mit anderen darüber zu reden, was für dich herausfordernd ist, kann eine gute Hilfestellung sein.

MÖGLICHE GRÜNDE FÜR DIE ABWEHR DISKRIMINIERUNGSKRITISCHER SPRACHVERÄNDERUNGEN

Warum eigentlich ist die Abwehr gegen diese Form von Aktivismus so immens?

Hier findest du eine Zusammenstellung möglicher Gründe. Die kann dir dabei helfen, besser zu verstehen, warum Menschen so re_agieren, wie sie re_agieren. Das entschuldigt gewaltvolles und ignorantes Verhalten in keiner Weise, macht dir aber vielleicht den Umgang damit leichter. Die verschiedenen Aspekte sind alle überlappend und hängen in vielerlei Form zusammen.

Angst und Sprache

Viele Menschen haben vielleicht Angst durch deinen diskriminierungskritischen Sprachaktivismus. Es kann Angst davor sein, zu merken, dass sie auch selbst aktiv werden könnten und dass sie vielleicht diskriminieren, ohne dass sie bisher darüber nachgedacht haben, weil sie einfach so gesprochen haben wie alle um sie herum.

Dein individuell praktizierter konkreter Sprachaktivismus zeigt ihnen vielleicht auf: Dies ist eine Form politischer Stellungnahme, die alle jederzeit machen könnten. Das macht vielen Unwohlsein,

Angst, Irritation. Denn es scheint so viel leichter und einfacher, sich hinter Sprachnormen und einem allgemeinen, scheinbar neutralen Sprachgebrauch zurückzuziehen, diesen hinzunehmen und beim Sprechen und Schreiben also nicht wirklich nachdenken zu müssen. Für diejenigen, die meinen, noch nie über Sprache nachgedacht zu haben oder noch nie über den eigenen Sprachgebrauch nachdenken haben zu müssen, ist dies schockierend und äußerst herausfordernd, dass genau das, was sie ›einfach so‹ machen, diskriminierend sein könnte. Zu dieser Gruppe zählen auch viele Menschen, die sich als links verstehen und mindestens teilprivilegiert sind: als Endo- und Cis-Männer, als *w*eiße Menschen, als beHinderungsfreie Menschen. Für sie ist es ein großer Schock, nicht einfach nur zu sprechen, sondern dadurch eventuell Diskriminierungen zu reproduzieren. Sie werden auf diese Weise eventuell direkt oder indirekt auf eigene (Teil-)Privilegien hingewiesen werden und bekommen Lernangebote von außen zu etwas, was sie bisher gar nicht glaubten überdenken oder als eigenes Handlungsfeld ansehen zu müssen.

Privilegien und Sprache

Privilegien zeigen sich auf sprachlicher Ebene unter anderem darin, sich in der Regel angesprochen und gemeint zu fühlen, sich in Sprache wohlzufühlen. Sie zeigen sich weiterhin darin, Sprache gar nicht als Handlungsinstrument auffassen zu müssen, sondern als ein neutrales, unschuldiges Medium der Kommunikation. Kommt dir das bekannt vor, dann könnte es ein Indiz für eine Privilegierung sein.

Privilegien sind häufig schwierig zu fassen, da sie für diejenigen, die privilegiert sind, so normal sind, sich so allgemeinmenschlich und selbstverständlich anfühlen, dass sie einer konkreten expliziten Benennung entgehen. Denn eine Benennung macht etwas zu etwas Bemerkenswertem, Außerordentlichem. Nur das, was nicht als normal aufgefasst wird in einem bestimmten Kontext und einer bestimmten Situation, wird in der Regel sprachlich ausgedrückt. Deshalb ist es für viele Menschen so verstörend, als *weiß* bezeichnet zu werden, als männlich, als heterosexuell, als nicht-beHindert. Denn das war bisher für sie vielleicht alles einfach nur normal und nicht etwas Spezifisches, was benannt werden müsste.

Emotionen und Sprache

Die Abwehr gegen diskriminierungskritische Sprachveränderungen ist häufig höchst emotional und aggressiv. Das liegt sicherlich auch daran, dass Sprache für alle wichtig ist und untrennbar verbunden mit allen verschiedenen Weltsichten, Selbstbildern und politischen Einstellungen. Auch wenn die Weise, wie Sprache wahrgenommen wird und das, was mit Sprache gemacht werden soll, höchst unterschiedlich ist. Für einige ist es wichtig, auch weiterhin nicht über das eigene Sprachhandeln nachdenken zu müssen, sondern ›einfach‹ weiter so zu reden, wie ›ihnen der Schnabel gewachsen ist‹. Ein Angesprochen-Werden auf potentiell diskriminierende Sprachhandlungen kann Menschen verunsichern und zu einer auch stark emotionalen Abwehr führen. Diskriminierungskritische Sprachveränderungen weisen Menschen darauf hin, dass Gewaltstrukturen sehr tiefgreifend sind. Sie sind umfassender als viele Menschen zunächst glauben. Dies gilt insbesondere auch für Menschen, die meinen eine linke Politik zu vertreten oder Menschen, die sich als aufgeklärt und liberal verstehen. Sich einzugestehen, dass es um die eigene sprachliche Teilhaftigkeit in der Aufrechterhaltung diskriminierender Strukturen geht, wenn Menschen einen konventionellen Sprachgebrauch haben, ist schwer zu akzeptieren für viele. Menschen, die aufgebracht, erbost und aggressiv auf diskriminierungskritische Sprachveränderungen re_agieren, sind herausgefordert davon, wenn ihnen Wünsche, Sprache bewusst, differenziert und diskriminierungskritisch zu verwenden, entgegengebracht werden. Sie fühlen sich vielleicht in ihren eigenen, zumeist unbewussten Handlungsweisen vorgeführt, gemaßregelt und negativ kritisiert. Ihre Re_Aktionen sind dann häufig negativ emotional aufgeladen. Das zeigt vor allem, dass auch ihnen ihr Sprachgebrauch wichtig ist, dass es nicht egal für sie ist, welche Sprachformen benutzt werden und welche Äußerungen Menschen machen. Hier wäre also eigentlich ein guter Anknüpfungspunkt in Interaktionen dazu, dass es dieselben sprachbezogenen Bedürfnisse in dieser Hinsicht auf beiden Seiten gibt. Generell scheint es mir so, dass eine hohe Emotionalität zeigt, wie wichtig Sprachhandeln ist. Wäre es nicht wichtig, würden andere Menschen nicht so emotional re_agieren, wenn sie sprachlich in der Weise herausgefordert sind, wie sie es in der Begegnung mit diskriminierungskritischen Sprachhandlungen häufig empfinden. Vielleicht ist es für Privilegierte auch bequem, eine Sprache beizubehalten, mit der sie selbst immer gemeint waren und sind, in der sie sich wiederfinden. Vielleicht drückt die Abwehr auch aus, dass sie nicht wirklich eine Offenheit dazu haben, sich als nur eine Position unter vielen zu verstehen. Es gibt hier also ganz viele verschiedene mögliche Gründe, warum Abwehr so emotional geäußert wird. Sicherlich gibt es noch viele weitere Gründe dafür. Wichtig ist mir hier klarzumachen, dass zum einen eine hohe Emotionalität auf diskriminierungskritische Sprachveränderungen zeigt, dass sie relevant sind – sonst müsste nicht so emotional reagiert werden. Zum anderen ist es mir wichtig, hier die Zuschreibung an Diskriminierte, dass diese »zu emotional« seien, umzudrehen – denn diese Zuschreibung ist nichts anderes als eine Projektion derjenigen, die ihre eigene hohe Emotionalität, wenn es um diskriminierungskritische Sprachveränderungen geht, autorisiert normalisieren dürfen und können. Nicht emotional zu sein und sein zu müssen, ist selbst auch ein Indiz für eine recht hohe Privilegierung.

Eigenes Sprechen und Schreiben als soziale Verantwortung

Abwehr kann auch darauf hinweisen, dass viele Menschen es als anstrengend erleben, wenn Sprache als eigene Handlungsmöglichkeit verstanden wird. Menschen wollen lieber »einfach so« weitersprechen und -schreiben können und nicht eine eigene Verantwortung übernehmen fürs eigene Sprechen und Schreiben. Das sind Entscheidungen, die jede Person nur für sich treffen kann. Anderen zu begegnen, die den eigenen Sprachgebrauch diskriminierungskritisch verändern, kann Menschen daran erinnern, dass sie selbst sprachlich handeln und dies auch diskriminierungskritisch gestalten könnten. Das erscheint vielen zu mühsam, zu eingelassen, zu allgegenwärtig und dadurch zu anstrengend. Gleichzeitig wissen sie durch ihr eigenes Verhalten in irgendeiner Form, dass auch sie andere emotionalaufgebracht erleben würden als Re_Aktion auf ihre veränderten Sprachhandlungen.

Ignoranz der Allgegenwärtigkeit von Gewaltverhältnissen

Es kann auch sein, dass Menschen sich nicht damit auseinandersetzen wollen, wie stark Gewaltverhältnisse die Gesellschaft durchziehen und formen – und dabei auch über den eigenen Sprachgebrauch ausgedrückt und immer weiter zementiert werden. Es kann sein, dass es Menschen zu anstrengend ist, sich in dieser Weise politisch zu engagieren und aktiv zu werden gegen Diskriminierung. Das gilt vor allem für privilegierte Personen. Vielleicht sind sie auch zu bequem, wollen nicht über ihre eigenen Privilegien nachdenken und diese in diskriminierungskritische Handlungen übersetzen durch eine Veränderung ihres Sprachgebrauchs. Privilegien als gegeben zu nehmen und nicht als Chance für ein diskriminierungskritisches Handeln, führt häufig zu Bequemlichkeit. Für Personen, die diskriminiert werden, kann eine Ignorierung von diskriminierenden Sprachhandlungen auch eine Strategie sein, um nicht die eigene schmerzvolle Diskriminierung zu spüren und sich damit weiter beschäftigen zu müssen, da der Alltag schon genug Herausforderungen hat, um Diskriminierungen zu überleben. Es kann sein, dass es einfacher ist in vielen Situationen, sich an herrschende diskriminierende Sprachnormen anzupassen, statt so in gewisser Weise anderen die eigene Diskriminierung durch genau diese herrschenden Sprachnormen offenzulegen, die Wunden zu spüren – und auch die Ignoranz und Abfälligkeit anderer dazu.

Und das alles heißt ...

Das sind alles nur mögliche Erklärungsmomente dazu, warum es für viele Menschen so emotional aufgeladen und immens schwierig ist, mit diskriminierungskritischen Sprachveränderungen umzugehen.

Es gibt also vielfältige mögliche Gründe, warum Menschen keine diskriminierungskritischen Sprachveränderungen für sich selbst vollziehen – oder diese sogar bei anderen Personen abwehren. Dass andere ihr Sprachhandeln nicht respektvoll verändern oder sogar heftig auf die Sprech- und Schreibveränderungen anderer re_agieren, kann auch Zweifel und Unsicherheiten bei dir selbst wecken oder verstärken.

Leitend im eigenen diskriminierungskritischen Sprachhandeln und in meinem Umgang mit der Abwehr anderer ist es für mich, nicht dasselbe zu machen wie viele Menschen und Institutionen, die so negativ auf eine Selbstaneignung einer diskriminierungskritischen Sprache re_agieren: pauschal zu verurteilen, überzogene Zuschreibungen zu machen, emotionsaufgeladen zu re_agieren. Es geht also auch um ein Verstehen davon, warum es für dich selbst als diskriminierte Person manchmal so anstrengend erscheint, dir das eigene sprachliche Handeln aktiv und diskriminierungskritisch anzueignen und warum es andere herausfordert.

WARUM MACHEN DISKRIMINIERUNGS-KRITISCHE SPRACHVERÄNDERUNGEN SINN?

Diskriminierungskritische Sprachveränderungen sind für mich getragen von dem Wunsch, die Gesellschaft gewaltfrei zu gestalten und dazu einen eigenen Beitrag zu leisten. Es ist der Wunsch danach, dass alle Individuen respektvoll miteinander sind. Miteinander reden wollen. Das heißt zuhören wollen und verstehen wollen. Andere Meinungen akzeptieren und gleichzeitig differenzieren zu können zwischen einer Meinungsäußerung und einer verbalen Diskriminierung.

Die Idee von Sprachhandeln statt von einer richtigen oder falschen Sprache gehört zu dem Wunsch nach einer Gesellschaft, in der es weniger um das Befolgen von Regeln geht als vielmehr um ein ständiges Offensein dafür, wie vielschichtig Diskriminierung gegen Menschen und ein respektvolles Miteinander arbeitet – und dies verändern zu wollen. So vielschichtig wie Diskriminierungen so vielschichtig, komplex, dynamisch und unterschiedlich sind auch diskriminierungskritische Sprachhandlungen.

Hier kommen jetzt noch mal sechs miteinander verbundene Aspekte dazu. Das ist eine teilweise Wiederholung von oben, aber noch mal anders sortiert. Es ist eine Erweiterung zu dem, was oben steht und zugleich in anderen Worten.

Warum veränderst du dein Sprachhandeln diskriminierungskritisch?

Weil du politisch agieren willst

Sprache als Handlungsinstrument und als Handlungsform zu verstehen, eröffnet die Möglichkeit kontinuierlich politisch zu agieren.

Sprachbilder stellen Wirklichkeitsvorstellungen her, zementieren sie oder verändern sie.

Sprechen und schreiben machst du sowieso die ganze Zeit.

Du kannst also kontinuierlich ohne Aufwand, finanzielle Ressourcen, Ausstattung und Politgruppe politisch aktiv werden.

Ganz grundlegend:
Ich gehe nicht davon aus, dass ich andere überzeugen kann:
durch Argumente
über Logik
durch das Zitieren der »richtigen«, repräsentativen, aktuellen, objektiven wissenschaftlichen Untersuchungen
durch ein Präsentieren meiner eigenen Betroffenheit, meiner eigenen Diskriminierung.
durch Beispiele, historisch und aktuell
durch Zitieren anderer diskriminierter Menschen
durch Bitten.
Ich gehe nicht davon aus, dass ich andere überzeugen kann.
überreden kann.

Ich kann mich verändern.
Ich kann nur mich verändern.
Ich kann meine Haltung verändern, unabhängig davon, wie andere re_agieren.
Ich kann mir selbst einen Raum geben in und durch mein Sprechen und Schreiben.
Ich bin als diskriminierte Person nicht nur körperentfremdet, disembodied.
Ich bin auch sprachentfremdet.
Was ich kann, ist, mich ernst zu nehmen.
Mich ausdrücken zu wollen.
Lebensbejahende Veränderungen zu wagen.
Auch über mein Sprachhandeln.

Ich kann einen Unterschied machen.
Für mich, für eine Welt, die aufhört Diskriminierungen weiter zu normalisieren, zu zementieren, wegzureden.

Ich kann
nicht mehr schweigen
Ich kann
differenziert benennen
offen nachfragen
interessiert zuhören
Ich kann mich ausdrücken.
Ich kann anderen sprachlich begegnen
Hierarchien hinterfragen
vorsichtig sein mit Bewertungen
Normen entnormalisieren
Positionen partikularisieren
Ich kann sprachlich mir und dir begegnen
Respekt und Frieden ausdrücken
mit meinem Sprechen und Schreiben auch im Kleinen Visionen einer gewaltfreien Welt malen.

Weil du respektvoll sprachhandeln willst

Umso älter ich werde, umso zentraler ist mir: Es geht um Respekt und Achtung. Es geht um Würde und Offenheit. Nicht um Argumente und Logiken, um Beweise. Es geht darum, eine zu allem Lebendigen liebevolle Haltung zu haben und diese Haltung leben zu wollen. Es geht um Sprachhaltung.

> **Respekt zu leben bedeutet für mich, die Wünsche Diskriminierter hören und danach handeln zu wollen. Offen und neugierig zu sein.**

Offen dafür, dass Wahrnehmungen, Wünsche und Erfahrungen anders sein können, anders sind als meine. Und dass sie genauso relevant sind oder sogar relevanter, wenn es um das eigene Erleben der erzählenden Personen geht. Respekt kommunikativ zu leben bedeutet, keine verbalen Grenzüberschreitungen zu machen durch ein Besserwissen, Abwiegeln, Kleinreden und Infragestellen. Eine solche kommunikative Haltung einzunehmen ist auch einfacher zu realisieren, wenn du Dinge nicht persönlich nimmst: wenn du lernst, dass Diskriminierung eine Struktur ist, an der du teilhaftig bist, immer, egal ob diskriminiert oder privilegiert. Wenn du lernen kannst dein Verhalten als (teil)privilegierte Person als Ausdruck deiner Privilegien zu reflektieren und gegebenenfalls zu verändern. Auf Sprachformen zu achten beispielsweise, auf Zuschreibungen und Bewertungen, auf Rederechtsverteilungen, um nur einige Beispiele zu nennen. Diskriminierung ist vor allem eine Substanz, eine Struktur, die jegliches Handeln und Wahrnehmen durchzieht in dieser Gesellschaft. Die Wahrnehmungen und Handlungen von allen Menschen, sofern sie nicht aktiv dagegen steuern, dies reflektieren und versuchen zu transformieren. Diskriminierung ist so wahrgenommen nur sekundär eine intentionale Handlung. Diskriminierung ist eine gesamtgesellschaftliche Normalität. Das bedeutet auch, die Kritik also nicht auf diese Weise persönlich zu nehmen, als sei es eine Kritik an genau mir als Individuum, als sei es eine vernichtende Kritik. Sondern die Kritik als eine Kritik an gesamtgesellschaftlichen Strukturen zu verstehen, die sich auch über dein Sprachhandeln verwirklichen, als Kritik, die, zu dir geäußert, dich vielleicht als stellvertretend, als kommunikativ erreich- und ansprechbar für genau diese Kritik verstehen. Im Idealfall ist Kritik ein Angebot, dich zu verbinden. Im Idealfall kannst du Kritik als zugewandtes, anwesendes, teilendes Handeln einer anderen Person verstehen.

> **Kritik ist der Wunsch nach Verbindung, der Wunsch zu teilen, dass etwas nicht gut ist. Kritik ist der Wunsch, nicht aus dem Kontakt zu gehen, sondern gemeinsam an etwas zu arbeiten, Begegnung zu gestalten.**

Kritik ist notwendig, damit du dich zu einer anderen Person in Verbindung setzen kannst. Kritik an diskriminierendem Verhalten ist ein Teilen von Verletzungen, Schmerz, Verzweiflung und ein Angebot der Hoffnung auf Veränderung. Eine solche Kritik ist ein wertvolles Geschenk und kein Angriff. Die diskriminierte Person ist angegriffen, verletzt, erschöpft, traurig und vielleicht auch wütend. Kannst du das hören und so einordnen?

Häufig fehlt in meiner Wahrnehmung die Bereitschaft zu hören, dass ich vielleicht gewaltvoll handele – nicht intentional, aber doch gewaltvoll. Kritik kann eine Hilfestellung sein, zu verstehen, wie du verwoben bist in diskriminierende Strukturen und diese weiter trägst und fortsetzt.

Denn das zu hören und das so zu hören, würde bedeuten, dass du Verantwortung für dein Handeln übernehmen könntest. Dass du über dein eigenes Kommunizieren nachdenken könntest.

Personen, die in Bezug auf Rassismus und Migration privilegiert sind, können sich unter anderem folgende Fragen stellen:

- Wieviele Personen müssen einer *weißen* Person noch sagen, dass die Frage, »Wo kommst du her?« gewaltvolle Zuschreibungen macht? Es ist egal, wie neugierig du bist, wie »wirklich interessiert«. Du kannst dich immer fragen, ob du allen Personen in dieser Situation dieselbe Frage stellst oder stellen würdest.
- Welche impliziten Vorannahmen sind in den Fragen, die du Menschen stellst? Zu ihrer Herkunft, zu ihrem Gefühl der Zugehörigkeit, zu ihren sprachlichen Kompetenzen und ihren Erstsprachen, zu ihrer Gender-Identität, zu ihrer Hilfsbedürftigkeit? Nach Beruf(sausübung), nach Wahr_nehmung dessen, wie sie sich in öffentlichen Räumen bewegen können oder wollen?

- Welche strukturellen Diskriminierungen und Traumata rufst du vielleicht durch deine Fragen auf? Dazu könnten beispielsweise Fragen danach gehören, wann dein Gegenüber die eigenen Eltern zum letzten Mal gesehen hat, warum die Person zusammenzuckt, wenn ein Luftballon platzt, warum sie Flugangst hat, nicht in öffentliche Cafés geht, sich nicht in Restaurants verabreden will, nicht Weihnachten feiert und vieles andere mehr. Alle Fragen also, die eine gewisse Normalität voraussetzen und im Fragen wieder aufrufen.
- Du kannst dich dabei beobachten, wie häufig und wann du in Gesprächen Wir-Formen verwendest und so vielleicht über die Erfahrungen anderer hinweggehst und ihnen eine Gemeinsamkeit des Denkens und Bewertens zuschreibst.
- Wie kannst du aufhören Zuschreibungen zu machen in deinem Kommunizieren und durch dein Kommunizieren Personen engzuführen auf konventionelle soziale Wahrnehmungen und dieses häufig gleichzeitig zu bewerten? – Zuschreibungen und Bewertungen dazu wie hübsch, sportlich, müde, krank ... sie aussehen, wie schöne, exklusive, außergewöhnliche ... Kleidung sie tragen, wie unüblich, besonders, exotisch ihr Schmuck, ihre Haare, die Lautstärke ihrer Stimme ... ist, wie schön, fremd, schwierig aussprechbar ihr Name ... In allen diesen Zuschreibungen und Bewertungen spielen deine eigenen Normen eine wichtige Rolle. Sie werden jedoch nicht

explizit gemacht, sondern laufen als Normalität unterlegt mit. Auf diese Weise stellen sich die Normen immer wieder her. Anders wäre es, diese Normen, zunächst explizit zu machen:

»Ich mag blaue einfarbige Kleidung am allerliebsten – also bei mir. Deine Kleidung ist deshalb für mich ungewöhnlich.«

Okay, merkst du, die Äußerung wird irgendwie absurd ... Besser also ist es, nur über sich zu reden und gar nicht über die andere Person. Ein neuer Versuch:

»Ich möchte gerne mit dir teilen, dass ich in der Begegnung mit dir auf einmal viel über meine eigenen Normen lerne und anfangen kann, diese zu reflektieren. Das ist ganz schön groß für mich. Also zum Beispiel dazu, was ich finde, wie Kleidung ordentlich/korrekt/richtig in einer Situation ist.«

Okay, auch diese Äußerung ist absurd. Sie zeigt: Mach diese Prozesse selbst für dich. Die musst du nicht mitteilen. Reflektiere deine eigenen Normen für dich und überlege, wo du eine Offenheit und Neugier einer anderen Person gegenüber hast, ohne gleichzeitig Zuschreibungen und Bewertungen zu machen.

- Was ist dir wichtig? Kannst du offen dafür sein, was eine andere Person mit dir teilen mag und nicht selbst die Themen vorgeben? Kannst du dein Fragen von Ja-Nein hin zu offenen Fragen verändern?

Auch die Wahrnehmung von Menschen über soziale Kategorien ist eine Interpretation häufig verbunden mit einer Bewertung. Sie ist keine Beobachtung, schon ganz gewiss keine objektive oder neutrale. Alles, was du ohne Interpretation beobachten kannst, ist: Da ist ein Mensch. Gibst du diesem Menschen schreibend oder sprechend unterschiedliche kategorisierende Identitäten, machst du Zuschreibungen, die häufig auf kollektiven Kategorisierungen beruhen. Sowas wie: Das ist eine Frau, eine Blinde, eine Angestellte, eine Nicht-Deutsche, eine Verrückte ... Diese kollektiven Kategorisierungen und Einsortierungen von Menschen sind entweder selbst diskriminierend oder privilegierend oder sie sind die Grundlage für diskriminierende Bewertungen. Denn alle diese sozialen Kategorien sind Effekte von struktureller Gewalt.

Ohne Rassismus gäbe es keine Rassifizierungen von Menschen.

Ohne Nationalismus keine nationalen Zuschreibungen nach Herkunft und Zugehörigkeit.

Ohne genderbezogener Diskriminierung gäbe es keine Wahrnehmung von Menschen nach und über Geschlecht.

Wie wäre es, dies alles sein zu lassen und Menschen als Menschen zu begegnen?

Die sozialen Kategorien und die Wahrnehmung davon haben sich mittlerweile vernaturalisiert.

Sie haben sich verselbstständigt.

Wir nehmen uns selber so wahr und andere.

Die Veränderungsmöglichkeit liegt bei uns.

Wir können unsere Wahrnehmung verändern,

Wir können aus dieser Gewaltspirale aussteigen,

Wieder anfangen Menschen als Menschen wahrzunehmen
ohne soziale Bewertungen
ohne kollektive Zuschreibungen
ohne diskriminierende Interpretationen.
Und Gewalt als Gewalt wahrzunehmen
offene und direkte Gewalt
indirekte und subtile Gewalt
zurichtende und eintrainierte, sozialisierte Gewalt.
Und darüber nachdenken, warum wir Menschen uns nicht befreien
können in unserer Wahrnehmung
von unseren Wahrnehmungen
aus diesen sozialen Zuschreibungen
wie verfestigt sie auch sein mögen.
Wir können anfangen
Strukturen als gewaltvoll wahrzunehmen
Regeln als gewaltvoll
Und Menschen als Menschen
Wir können etwas verändern
mit unserem Sprechen
und dadurch auch mit unserem Wahrnehmen.
Und das ist bedrohlich für viele an Sprache
Und eine große Chance
Anwesenheiten schaffen:
Personen benennen, ohne in Kategorien zu sprechen und zu denken
ohne in Schubladen einzuordnen und Label anzuheften.
Ohne kollektiv individuell zu verandern.
Von Mensch zu Mensch sprechen

Menschen als Menschen benennen,
um sie und mich anwesend zu machen.

Sprache ist dazu da präzise zu sein, das darf Raum und Zeit einnehmen.

Gewalt präzise und differenziert zu benennen schafft Räume für unterschiedliche Erfahrungen, Wirklichkeiten und Transformationen. Um neue Benennungen zu ringen, kann Anwesenheiten eröffnen, Das kann zugleich neue Sichtweisen eröffnen.

Weil du sprachliche Anwesenheiten und dadurch empowernde Selbstkonzepte für dich als diskriminierte Person und für deine Communities schaffen willst

Sprachliche Benennungen sind zugleich auch die Möglichkeit, wie Diskriminierte sich empowernd auf sich selbst als diskriminierte Gruppe beziehen können – und wie sie sich von den diskriminierenden privilegierten Personen abgrenzen können. PoC, BIPoC, queere BIpoCs, Menschen mit Migrationsvordergrund, Deutsche ohne Nazihintergrund. Dies sind einige empowernde Selbstbezeichnungen im Spektrum von Rassismus und Migration. Ihnen stehen zugleich kritische Benennungen der privilegierten Position gegenüber. Durch diese kritischen Benennungen der privilegierten Personen wird ihre Unsichtbarkeit, ihre Nicht-Benennung herausgefordert:

Deutsche ohne Migrationshintergrund, Weiße, Kartoffeln, Alman-Deutsche, Deutsche mit Nazihintergrund …

Alle diese Benennung sind Teil von empowernden, anti-diskriminierenden Sprachpolitiken. Sie haben nicht das Ziel, Menschen zu essentialisieren. Die empowernden Selbstbenennungen re_agieren auf diskriminierende Zuschreibungen von außen und wenden diese selbstermächtigend. Sie schaffen so zugleich eine Kritik an essentialisierenden Fremdzuschreibungen. Die expliziten Benennungen privilegierter Positionen eröffnen Möglichkeiten der expliziten Verhandlung von Privilegien und einer gleichrangigen Benennung unterschiedlicher sozialer Gruppen.

Sprache ist ein wichtiges Medium, sich selbst und anderen respektvolle Anwesenheiten zu schaffen. So dynamisch, wie diskriminierende Strukturen die Wirklichkeit immer wieder neu framen, so dynamisch re_agieren auch diskriminierungskritische Sprachveränderungen darauf. Sprachliche Handlungen sind ein zentrales, allgegenwärtiges Instrument, um neue Wirklichkeitsvorstellungen zu kommunizieren und auf diese Weise auch häufig entnannte Normalitäten wahrnehmbar zu machen und als Normalitäten auf diese Weise herauszufordern.

Weil du Normalitäten herausfordern willst

Sprachliche Kategorien sind ein zentrales Weltherstellungs-, -erklärungs- und Verständigungsmittel, das mit und in jeder Äußerung angewendet wird. Sie helfen dir, zu differenzieren: zwischen Beikraut und Gemüse, zwischen Möbeln und Elektrogeräten. Bis zu dieser Stelle scheinen die Einteilungen einfach und klar, es gibt eine große gesellschaftliche Übereinkunft darüber. Anscheinend. Aber auch hier tun sich Überschneidungen und Unklarheiten auf, die mit unterschiedlichen Bewertungen und machtvollen Perspektiven zusammenhängen. Ist Löwenzahn Salat oder Beikraut? Wo und wann wird es wie definiert? Was wäre es aus der Perspektive einer Kuh? Und kommt es dir absurd vor, dich so etwas überhaupt zu fragen?

Warum gehst du vielleicht häufig davon aus, dass es bestimmte soziale Identitäten einfach so und unhinterfragbar gibt? Wie Gender, wie Hetero- und Homosexualität, wie Nationalität und Herkunft? Was bedeutet das für Gewaltstrukturen? Wie hängen Gewaltstrukturen und soziale Kategorien zusammen? Das versuche ich hier im Folgenden zu erläutern.

Victor Klemperer schreibt in seinem Buch *LTI – Notizbuch eines Philologen* (Berlin 1947; LTI steht für Lingua Tertii Imperii): »Aber Sprache dichtet und denkt nicht nur für mich, sie lenkt auch mein Gefühl, sie steuert mein ganzes seelisches Wesen, je selbstverständlicher, je unbewusster ich mich ihr überlasse.« Der Schriftsteller Ingo Schulze nimmt dies in einer Rede auf und äußert dazu: »Mit den Worten, die ich benutze, mit der von mir gesprochenen und geschriebenen Sprache fallen Vorentscheidungen in meinem Fühlen, Denken und Handeln. Das Bild, das ich mir von mir selbst und von der Welt mache, hängt auch davon ab, welche Worte ich wähle, welche Bedeutung ich diesen Worten als Einzelner gebe und welche Bedeutung die Gesellschaft als Ganzes ihnen gibt.«

Alle neuen Sprachformen, die gebildet werden, um Diskriminierungen zu überwinden, fordern immer auch Normalitäten heraus.

Alleine schon die Frage, ob soziale Kategorien genommen werden, um etwas zu kommunizieren oder ob Diskriminierungsstrukturen benannt werden, macht einen großen Unterschied dafür, wie Wirklichkeit wahrgenommen wird. Dazu folgt hier ein etwas längeres Beispiel, an dem ich verdeutlichen will, wie wichtig es ist, zwischen der Benennung von Diskriminierungsstrukturen und sozialen Kategorien zu differenzieren. Denn soziale Kategorien werden durch Diskriminierungsstrukturen hergestellt und verselbstständigen sich dann häufig, sodass die strukturelle Diskriminierung auf diese Weise in die Individuen hineingelegt wird, während die Gewaltstruktur dahinter in der Wahrnehmung verschwindet. Ich versuche dies anhand von vor allem literarisch-autobiografischen Zitaten zu dem Spannungsverhältnis von der sozialen Kategorie Jüd*in und dem Diskriminierungsverhältnis Antisemitismus zu erläutern.

Häufig heißt es in den Medien so oder so ähnlich: »Weil sein Vater ungarischer Jude war, musste die Familie 1939 innerhalb von 24 Stunden Berlin verlassen.«

Hier wird die soziale Identität »Jude« (in der Regel in der männlichen, androzentrischen Form) als implizite Begründung dafür genommen, warum eine Person Deutschland in den 30er/40er Jahren verlassen musste. Die Ursache liegt, wenn es so ausgedrückt wird, in der Person, die fliehen musste. Keine Person aber musste Deutschland verlassen, weil der Vater, eine andere verwandte Person oder die Person selbst Jüd*in war, sondern weil Deutschland antisemitisch war. Als wichtiger Teil der Installierung von Antisemitismus wurde eine Kategorisierung Jude definiert, die auf anderen Kriterien basierte, als diejenige, die Menschen jüdischen Glaubens sich selbst gegeben hatten. Auf diese Weise wurden Menschen einem Kollektiv zugeschrieben, welches dann als Kollektiv, also entindividualisiert, entrechtet, diskriminiert, vertrieben und ermordet wurde. Wie anders dagegen sind Fokus und Bilder sowie Narrationen, die eine Äußerung aufruft, dass Menschen aufgrund des deutschen Antisemitismus Deutschland verließen, um sich zu retten, als widerständige Tat also. In dieser Darstellung liegt die Verantwortung bei den Gewalt Ausübenden und nicht bei den Opfern, die die gewaltvolle Fremdkategorisierung im ersten fiktiven Satz eingeschrieben bekommen haben.

Strukturelle Diskriminierungen schreiben sich über sprachliche Handlungen also machtvoll in das Wissen ein durch die sprachlich geschaffenen und immer wieder neu aufgerufenen sozialen Kategorien, die als vorgängig genommen werden und deren gewaltvolle Wirklichkeit so nicht wahrgenommen wird.

Eine weitere Ebene dieser These wird für mich in dem autobiografisierten Roman *Vielleicht Esther* von Katja Petrowskaja (Berlin 2014) deutlich. Petrowskaja schreibt hier über die eigene und familiäre Erinnerung, die Schichten und Geschichten von Erinnerungen an Gewalt in einem Kapitel über einen Besuch in Babi Jar:

»Bleibt ein Ort derselbe Ort, wenn man an diesem Ort mordet, dann verscharrt, sprengt, aushebt, verbrennt, mahlt, streut, schweigt, pflanzt, lügt, Müll ablagert, flutet, ausbetoniert, wieder schweigt, absperrt, Trauernde verhaftet, später zehn Mahnmale errichtet, der eigenen Opfer einmal pro Jahr gedenkt oder meint, man habe damit nichts zu tun? [...] Ja, man nennt diese Opfer für gewöhnlich Juden, aber viele meinen damit nur die anderen. Das ist irreführend, denn die, die da sterben mussten, waren nicht die anderen, sondern die Schulfreunde, die Kinder aus dem Hinterhof, die Nachbarn, die Omas und die Onkel, die biblischen Greise und ihre sowjetischen Enkel, die man am Tag des 29. September auf den Straßen von Kiew in diesem endlosen Zug ihres eigenen Begräbnisses die Bolschaja Shitomirskaja entlanggehen sah.«

Die soziale Kategorie Juden, die im Nationalsozialismus zentriert, monolitisiert und essentialisiert worden ist, um Antisemitismus als Eigenschaften oder Körper von Personen und Personengruppen macht- und damit gewaltvoll naturalisieren, verkörpern und verselbstständigen zu können, führt also gleichzeitig in diesem konkreten Beispiel der kollektiven Erinnerung zu einer Entfremdung, einer VerAnderung, schafft eine Distanz, die selbst oder vielleicht gerade in dieser Form kollektiver Erinnerung bis in die kleinsten sprachlichen Bestandteile der Formulierung des Wissens Eingang findet.

»Ich habe nie verstanden«, fährt Petrowskaja fort, »warum dieses Unglück immer das Unglück der anderen sein sollte.«

Was Petrowskaja hier in meiner Lesart beschreibt, ist zweierlei: Zum einen macht dieses Zitat deutlich, dass die kollektive Zuordnung zu einer Entindividualisierung führt und auf diese Weise eine soziale Distanz sprachlich verfestigt wird. Es gibt keine ermordeten Individuen mehr. Und die Personen, die ermordet wurden, werden nicht in ihrer persönlichen Relation benannt (meine Nachbarin; meine

Freundin; die Verkäuferin im Gemischtwarenladen), sondern als Kollektiv (die Juden). Das ist eine wichtige Voraussetzung für empfundene Distanz.

Zum anderen vollzieht sich so eine gefährliche Verselbstständigung von Antisemitismus. Antisemitismus ist so ›selbstredend‹, dass die sozialen Kategorien, über die er hier benannt wird, sich schon weit normalisiert haben. Die strukturelle Gewalt, die ihnen inhärent ist, ist gar nicht mehr als strukturelle Gewalt jenseits oder vor diesen Personen wahrnehmbar. Stattdessen werden die sozialen Kategorien zur Voraussetzung des Redens über die Diskriminierung. Und die Diskriminierung so viel weniger grundsätzlich hinterfragbar. Denn sie bleibt immer auch bestehen in und durch die sozialen Kategorien. Eine solche sprachliche Verselbstständigung könnte also vielleicht ein Zeichen für strukturelle Diskriminierung sein.

Ein weiterer wichtiger Aspekt dazu, wie sich strukturelle Diskriminierung in sprachlichen Handlungen auffinden lässt, wird in dem nachfolgenden Zitat aus Marion Braschs autobiografischer Familienerzählung *Ab jetzt ist Ruhe* (Berlin 2012) anschaulich. Es handelt sich um ein Gespräch der Erzählerin mit dem eigenen Vater:

»›Als wir hier ankamen, war ich doch Katholik‹, sagte mein Vater. ›Ich wollte Priester werden, weiß du noch?‹

Und ob ich das wusste.

›Es hat lange gedauert, bis ich mich von meinem Gotte verabschieden konnte. Ich habe ihn damals in so eine Art Beiboot gesetzt und noch eine ganze Weile hinter mir hergezogen, und hier habe ich es gekappt, das Tau‹, sagte er leise. Wir standen eine Weile vor dem Marx-Grab und schwiegen.

›Und was ist mit deinem Judentum, Papa?‹, fragte ich ihn nach einer Weile. Sein Blick kehrte in die Gegenwart zurück.

›Was soll damit sein?‹, antwortete er gereizt.

›Jude war ich nur nach den Rassegesetzen der Nazis, mehr nicht. Für mich hat das nie eine Rolle gespielt. Ich war Katholik, und jetzt bin ich Kommunist.‹

›Du musstest doch aber als Jude aus Deutschland weg. Und hättest du nicht weggemusst, hätte es das Beiboot nie gegeben, und du wärst nie Kommunist geworden, oder?‹!

›Hätte, wäre, wenn«, sagte mein Vater kühl. »Wäre ich nicht Jude gewesen, wäre sowieso einiges anders gelaufen.‹«

In diesem Zitat wird in meiner Lesart ein weiteres wichtiges Element einer antisemitischen strukturellen Diskriminierung deutlich: Diskriminierte Menschen können sich nicht mehr entscheiden, ob sie sich überhaupt zu der Kategorie verhalten wollen; die Kategorie ist bereits da, prägt sie bereits, bevor sie überhaupt eine Entscheidung treffen können dazu, ob sie die Anrufung durch die Kategorie überhaupt annehmen wollen oder nicht. Dies hat für sie, die diskriminiert werden, immer auch existentielle Auswirkungen. Mehr noch, als dass nur die Kategorie da ist, ist sie auch beschrieben. Sie ist umfassend gefüllt mit herrschenden stereotypen und zuschreibenden Vorstellungen davon, was es heißt jüdisch zu sein. Oder muslimisch, weiblich, genderfrei, beHindert, ver_rückt.

Ohne Sprache jedoch, ohne sprachliche Kategorien wie Gender, Nationalität, Aufenthaltsrecht, BeHinderung zu schaffen, wie *selbstverständlich* zu benutzen und mit einzelnen Gruppenzuschreibungen wie Frau, Trans*, Mann, deutsch, syrisch, somalisch, schweizerisch oder staatenlos zu bedenken, gäbe es auch die entsprechenden strukturellen Diskriminierungen nicht. Sie können nur existieren, wenn die sozialen Zuordnungen von Menschen in diese Kategorien weiterbestehen. Dies lese ich auch aus einer Szene in der Deborah Feldmans Autobiografie Überbitten (Zürich 2017) als Erzählung der Auffassung ihrer Großmutter zu jüdischer Identität:

»Während sie am Tisch sitzt und unter einer Leuchtstofflampe einzelne Kohlblätter nach Raupen absucht, die sie treife, nicht-koscher, werden lassen würden, sagt Bubby geistesabwesend, dass Gott die anderen Völker nur auf diesen Planeten gestellt habe, damit sie das jüdische Volk hassen und verfolgen. Es sei letztendlich diese gegnerische Kraft, die uns definiere, so wie Gott auch Nacht und Tag erschaffen habe, Dunkelheit und Licht. Das eine sei nötig, um das andere zu definieren. Unser Jüdischsein bestehe exakt im Rahmen der Versuche es auszurotten.«

Jüdisch-Sein als häufig antisemitisch belegte Fremdkategorisierung in der Form, wie sie bis heute gewaltvoll Menschen zuordnet und bewertet, gibt es nur, weil es auch andere kollektive Zuordnungen gibt, die als sich gegenseitig ausschließend aufgefasst werden.

Je privilegierter eine soziale Position ist, umso weniger ist sie konventionell versprachlicht. Die vorherrschende sprachliche Benennung ist die Herstellung und Benennung der Anderen. Wie aber geschieht die Zuordnung von Menschen, die zu sich selbstverständlich und natürlich anfühlenden und vertretenen Identitäten wird? Sprachliche Kategorisierungen von Menschen in hierarchische, bewertete und als natürlich unterschiedlich hergestellte soziale Gruppen sind getragen von mit Macht durchgesetzten und geregelten

gesellschaftlichen Übereinkünften. Diese können so stark und verselbstständigt sein, dass Menschen sie gar nicht mehr als soziale Regelungen und Ordnungsmuster wahrnehmen:
»Alle sprechen einfach so.«
»So heißt das nun mal.«
»So ist das nun mal.«
Menschen haben häufig das Gefühl, eine bereits vorhandene Sprache lediglich zu benutzen.
»Du weißt ja – ich lehne jegliche Form von Gewalt ab!«
Aber:
»Wir müssen uns ja irgendwie verständigen.«
»Es ist doch nur Sprache, ich bitte dich!«
»Ich sag das einfach so, du weißt ja, dass ich es nicht so meine.«
Sprachliche Kategorien wie beispielsweise Gender (Frau und Mann, Trans*, genderqueer, inter*, genderfrei) oder Klasse (Arbeit*erin, Manag*erin) sind Formen, wie einzelne Menschen und ganze Sprachgemeinschaften sich die Welt erklären, wie sie sich verständigen, wie sie die Welt einteilen und damit für alle fassbar machen und zugleich als Norm wortwörtlich festschreiben.

Normalitäten herauszufordern ist also eine vielschichtige, immer mögliche diskriminierungskritische Sprachveränderungsstrategie.

Nichts hinnehmen, nachfragen, und das zunächst bei dir selbst.

Dir überlegen, warum die erste Frage im Smalltalk meistens ist: »Und was arbeitest du?« und nicht: »Was macht dir Freude?«, »Was ist dir wichtig ?«, »Was hat dich heute berührt oder bewegt?« Normalitäten herauszufordern kann bedeuten, dich zu trauen, Menschen jenseits von sozial vorgeformten Kategorien wahrzunehmen. Als Menschen. Und den Rest als Interpretationen, der in Form von Kategorien als Identitäten auf die Wahrnehmung gelegt ist wie eine unabsetzbare Brille. Zu wagen Normalitäten herauszufordern, indem du diese benennst und nicht ein Benennen sein lässt, es umgehst, wie es konventionell mit Privilegien der Fall ist. Alles dies sind wunderschöne und ganz grundlegende diskriminierungskritische Sprachhandlungen.

Weil du Privilegien benennen und partikularisieren willst

Privilegien sind häufig unbenannt oder, aktiver formuliert: entnannt. Dadurch, dass sie nicht ausgesprochen und als etwas Besonderes sprachlich markiert werden, können sie umso machtvoller wirken. Diskriminierungskritische Sprachveränderungen können beispielsweise auch darauf hinarbeiten, dass Diskriminierungen und Privilegien parallel benannt werden, um so die ungesagte Norm, die einer Benennung von Diskriminierungen zugrunde liegt, zu benennen.

Auf diese Weise wird die Norm, die häufig die angewandte Folie ist, greifbar gemacht.

Das bedeutet aber nicht, dass es bei diskriminierungskritischen Sprachveränderungen vor allem darum geht, immer mehr Unterkategorien zu entwerfen, die dann alle extra benannt werden müssten. Stattdessen ist dies eine Strategie, um Normen und Normalvorstellungen transparent zu machen. Nur, wenn etwas explizit ist, kann es aus seiner machtvollen Neutralität, die in der Entnennung liegt, entlassen werden. Nur dann wird die Norm als eine Möglichkeit unter vielen sichtbar und verliert ihren Status als neutrale Folie. Genauso wichtig als diskriminierungskritische Sprachveränderung wie die respektvolle Benennung und Adressierung von Diskriminierten ist es, Privilegierungen als privilegierte Positionen konkret und differenziert benennen zu können.

weiße Deutsche, Almans, Deutsche mit Nazihintergrund
Cis-Endo-Männer, Heteros
Nicht-BeHinderte

Es gäbe keine Diskriminierung, wenn es nicht gleichzeitig eine privilegierte Position geben würde, die von der Diskriminierung direkt oder indirekt profitiert – durch die Vorstellungen mächtiger, normaler, besser, intelligenter, selbstverständlicher, allgemeinmenschlicher … zu sein. Diskriminierungen prägen nicht nur das Leben von Diskriminierten, sondern auch von Privilegierten, wenn auch mit sehr unterschiedlichen Effekten. Wenn Menschen privilegiert sind, merken sie das in der Regel nicht. Umso stärker Menschen sich lediglich als Menschen verstehen können in unterschiedlichen sozialen Situationen und nicht gleichzeitig auch als Frau, trans*, Schwarz, PoC, beHindert ..., umso wahrscheinlicher ist es, dass diese Menschen umfassend privilegiert sind. Denn alles ist auf die Privilegierten ausgerichtet, für sie gemacht, stimmig und normal. So funktionieren Privilegien. Privilegierte werden sprachlich in aller Regel als Individuen behandelt, können sich als Individuen wahrnehmen und müssen nicht das Gefühl haben, dass es einer Extra-Benennung von ihnen als *W*eißen, Männern, Nicht-BeHinderten... bedürfte. Denn eine solche spezifische Benennung würde Privilegierte als Teil einer sozialen Gruppe verstehen und nicht einfach als (verallgemeinmenschlichte) Menschen, wie sie sich bis dahin vielleicht verstehen konnten. Es war einfach normal alleine in den Urlaub fahren zu können, wild zelten zu können und keine Angst haben zu müssen. Es war keine männliche, mit westeuropäischem Pass ausgestattete, Mittel- oder Oberklasse, nicht-beHinderte Privilegierung dies genau so machen zu können. Deshalb ist es für Menschen, die umfassend privilegiert sind, häufig wie eine Zumutung, dass sie sich nicht nur als Individuum verstehen könnten, sondern auch als Teil einer sozialen Gruppe: Männlichkeit, *W*eißsein, Nicht-BeHindert-Sein. Ein wichtiges Ziel diskriminierungskritischer Sprachveränderungen ist es, dass Privilegien wahrnehmbar gemacht werden, indem sie benannt werden. Das scheint mir von den Re_aktionen her häufig die noch viel größere Herausforderung als Diskriminierte angemessen zu benennen. Die Abwehr dagegen, Privilegien explizit zu machen, geht häufig einher mit einer Abwehr dagegen, sich mit dem Einfluss struktureller Diskriminierung auch auf das eigene Leben zu beschäftigen – und zwar in der Form, dass das eigene Leben so stark bevorteilt worden ist, so stark normalisiert werden konnte durch das eigene Privilegiert-Sein. Doch das eine ist ohne das andere nicht möglich: erst, wenn ich anfange, mich mit den eigenen Privilegien zu befassen, kann ich auch anfangen zu verstehen, wie umfassend das Leben von allen auf unterschiedlichen Bedingungen und Möglichkeiten beruht.

NOCH MAL ZUSAMMENGEFASST: WARUM DISKRIMINIERUNGSKRITISCH SPRACHHANDELN

Hier fasse ich wichtige Elemente eines diskriminierungskritischen Sprachhandelns noch mal in anderer Form zusammen. Dies ist eine Liste möglicher Glaubenssätze. Welche stimmen für dich, welche nicht? Welche sind wichtig, welche würdest du dir anders formulieren? Die Liste ist als eine Einladung gedacht, über deine eigenen sprachaktivistischen Glaubenssätze nachzudenken. Eine solche Liste kann dir dabei helfen, dir immer wieder zu vergegenwärtigen, warum du sprachhandelnd und aktivistisch das machst, was du machst.

Weil du Respekt vor dir und anderen leben willst und lebst

Es ist dir ein Anliegen, die Benennungswünsche Diskriminierter zu hören, zu respektieren, anzuwenden und dich in Kommunikationen dafür einzusetzen, dass sie verwendet werden. So zu handeln ist für dich Ausdruck deiner Verbundenheit mit dir und anderen, ihrer Akzeptanz und Anerkennung, deinem Interesse an ihnen und deinem Respekt vor ihnen. Es ist nicht nur so, dass du dir von anderen wünscht, so angesprochen zu werden, wie du es als diskriminierte Person benötigst. Es ist dir ein Anliegen des sozialen Miteinanders und respektvollen Kommunizierens. Nur in, mit und durch Respekt ist dir Kommunizieren überhaupt als ein positives, verbindendes Anliegen möglich.

Weil du Menschen als Menschen wahrnimmst und wahrnehmen willst

Aus diesem Grund versuchst du, Zuschreibungen an andere, die diese nicht explizit für sich selbst wollen in bestimmten Situationen, zu vermeiden: Menschen sind nicht Identitäten, sondern Menschen. Menschen sind keine Genderidentitäten, keine Herkünfte, keine Zugehörigkeiten, keine Glaubensrichtungen, keine Beeinträchtigungen – jeweils mit den dazugehörigen Labeln und Nachfragen. Stattdessen: Du nimmst Menschen als Menschen wahr und drückst dies auch durch die Wahl der Benennungen und Beschreibungen von anderen aus. Identitäten sind soziale Konstrukte, die – wenn es sich um Diskriminierte handelt – auch strategisch antidiskriminierende, kollektive und selbstempowernde Handlungen sein können.

Weil du die Benennungsentscheidungen Diskriminierter achten und nicht infrage stellen willst

Die Beweggründe von Diskriminierten, sich auf bestimmte Weisen zu benennen oder nicht zu benennen, kann viele verschiedene, situative, kollektive wie auch persönliche Gründe haben. Als privilegierter Person steht dir keine Beurteilung dazu zu. Du respektierst dies. Auch müssen Diskriminierte dir ihre Entscheidungen für oder gegen Benennungen nicht erklären. Es gehört zu ihrem Persönlichkeitsrecht, dass du das so und bedingungslos akzeptierst. Es entbindet dich als privilegierte Person nicht davon, genau hinzuhören, dich über Wissensquellen zu informieren und offen zu sein für unterschiedliche Entscheidungen und Veränderungen über Zeit. Nur weil eine Person einmal eine bestimmte Benennung für sich wollte oder ablehnte, heißt dies nicht, dass das für alle Situationen und über Zeit hinweg so sein muss – und genauso wenig kann es auf andere Menschen mit ähnlichen Diskriminierungserfahrungen einfach so übertragen werden.

Weil du Menschen angemessen wahrnehmen willst

Weil du Menschen nicht über Pauschalisierungen und Verallgemeinerungen wahrnehmen und benennen willst: Du willst nicht von »wir« und »man weiß ja ...« reden, wenn du nicht vorher explizit gemacht hast, welche Personen alle zu diesem »wir« und »man« gehören für dich in dieser konkreten Situation. Du willst lieber direkt konkreter von dir selbst sprechen und nicht andere vereinnahmen.

Weil du dich selbst verorten willst

Weil du, bevor du andere in soziale Kategorien einteilst und darüber darstellst im Sprechen und Schreiben, zunächst dich selbst als privilegierte Person so verorten willst. Auf diese Weise willst du eine Balance der Zuschreibungen schaffen und Privilegien nicht länger entnennen. Nur durch Benennung werden Privilegien wahrnehmbar und damit auch Machtgefälle und Machtausübung.

Weil du Bewertungen vermeiden willst

Bewertungen rufen meist eine unbenannte Norm auf, die sie dadurch immer weiter unbemerkt verstärkt. »Der ist so schlau/süß/sexy/schlagfertig ...« reproduziert häufig Normen, die Vorstellungen *wei*ßer Cis-Hetero-Männlichkeit aufrufen und weiter festschreiben.

Weil du dein eigenes Kommunikationsverhalten immer wieder neu reflektieren willst

Wieviel Raum nimmst du ein? Wieviel Raum lässt du für Zeit zum Nachdenken? Hörst du, welche Personen nicht sprechen? Und was das sagt? Merkst du, welche Personen nicht eingeladen sind und also fehlen? Nimmst du wahr, welche Personen nicht anwesend sein können, da es keine Übersetzungen in Gebärdensprache und andere Sprachen, keine Liegemöglichkeiten (beispielsweise für Menschen mit chronischen Krankheiten), keine Kinderbetreuung ... gibt?

Leitend für dein alltägliches revolutionär diskriminierungskritisches Sprachhandeln könnte die Selbstreflexion sein zu den Fragen:

★ **Wie willst du, wie das menschliche Zusammenleben aussieht und gestaltet wird?**

★ **Wann wäre es so, dass alle Raum und Platz haben, sich selbst zu entfalten, ohne die Ressourcen und Energien anderer zu beanspruchen, zu benutzen, auszunutzen?**

Das sind große Lebensfragen. Sie lassen sich im Alltag unter anderem auch auf das eigene Sprachhandeln anwenden und durch das eigene Sprachhandeln umsetzen. Das eigene Sprechen und Schreiben kann dadurch einen Unterschied machen in der Welt und in der Gestaltung der Gesellschaft.

Sprechen und Schreiben ist immer ein Handeln. Dieses Handeln kann die Normen und Konventionen einer Gesellschaft einfach übernehmen – oder sie herausfordern, verändern und hinsichtlich ihrer impliziten Diskriminierungen befragen.

Auch nicht zu sprechen und zu schreiben, nicht zu re_agieren in Situationen, wegzuschauen und wegzuhören, still zu sein und sowas wie stille Zustimmung zu geben, sind Sprachhandlungen.

Das eigene Sprechen und Schreiben zu verändern hat immense Effekte darauf, wie das Gegenüber sich Wirklichkeit vorstellt. Wie Menschen benannt und beschrieben werden bestimmt darüber, was sich das Gegenüber vorstellt, welche Bilder im Kopf entstehen, welche Vorstellungen davon, was relevant ist in einer Situation.

Je nachdem, wie eine Person beschrieben wird, entstehen unterschiedliche Bilder.

Ein Beispiel aus einer fiktiven Kurznachricht:

»43-Jährige Person für ihre Zivilcourage gegenüber Rassismus ausgezeichnet.«

»Mitglied der Initiative Schwarzer Deutscher für ihre Zivilcourage gegenüber Rassismus ausgezeichnet.«

»Professorin für Informatik für ihre Zivilcourage gegenüber Rassismus ausgezeichnet.«

»Rollstuhlfahrerin für ihre Zivilcourage gegenüber Rassismus ausgezeichnet.«

Hattest du beim ersten Satz dasselbe Bild von der Person wie beim letzten? Hat sich was geändert?

Wörter werden automatisch mit Vorstellungen gefüllt. In Ermangelung weiterer Informationen, stellen Menschen sich eine prototypische Person für den Kontext, in dem die Äußerung stattfindet, vor. Im ersten Satz wäre dies wahrscheinlich eine nicht-beHinderte weiße männliche Person, im zweiten Satz eine nicht-beHinderte Schwarze männliche Person, im dritten Satz eine nicht-beHinderte weiße weibliche Person und im vierten Satz eine beHinderte weibliche Person, nach den Sätzen davor wahrscheinlich Schwarz.

Dadurch, dass Sprechende und Schreibende sich für bestimmte Sprachformen entscheiden und gegen andere, haben sie also die Möglichkeit, Wirklichkeitsvorstellungen zu beeinflussen – und ihre eigenen Wirklichkeitsvorstellungen auszuweiten, diese auszudrücken und so mit anderen zu teilen. Das ist ein kreativer, lustvoller und sich Sprache als Ausdrucksform aneignender Prozess. Die eigene Ausdrucksform zu wagen, zu suchen, zu finden und immer wieder neu auszuprobieren, ist zugleich auch ein aktivistischer Prozess, dich mehr und mehr von sozialen Normen des eigenen Wahrnehmens und Handelns zu befreien. Diese sind tief in sprachliche Konventionen eingeschrieben, sodass es ein langer und schwieriger Prozess für dich sein kann, dir dies klar zu machen und zu wagen, eigene, stimmigere Ausdrucksformen zu finden, die vielleicht nicht den Rede- und Schreibweisen einer Allgemeinheit entsprechen. Dazu könnte neben vielem anderem gehören:

★ Du kannst eigene Positionen konkret ansprechen, statt dich hinter man-Äußerungen zu verstecken.

★ Du kannst dir einen eigenen Namen zulegen, der nicht direkt mit Weiblichkeit oder Männlichkeit assoziiert ist.

★ Du kannst neue Fragen stellen, wenn du Menschen neu kennenlernst.

★ Du kannst aufhören kapitalistische Ausdrucksweisen auf alles Mögliche anzuwenden wie in »Ich hab ganz schön viel in diese Beziehung investiert«.

★ Du kannst aufhören militaristische Vorstellungen zu normalisieren, indem sie dauernd zu allen möglichen Situationen als Bildquellen dienen, wie in »Das war ein Schuss vor den Bug für mich« oder »Das nächste Mal schieße ich schärfer, das versprech ich dir« oder »Du bist ja explodiert wie ne Bombe«.

★ Du kannst neue Wortungen finden, um Situationen und Menschen zu beschreiben und nicht auf diskriminierende Muster und Darstellungen zurückgreifen.

Es gibt unzählige Möglichkeiten dein eigenes Sprachhandeln diskriminierungskritisch zu verändern. Das Schöne: es hat eine immense Wirkung. Menschen, die dies machen, sind anwesender in ihrem eigenen Leben, selbstliebender, da sie ihre eigenen Wünsche wahrnehmen. Es ist ein Wagnis von Anwesenheit in Welt und damit ein wichtiger individueller Schlüssel zu größeren gesellschaftlichen Veränderungen.

Dieses Wagnis kann natürlich immer auch wieder gerüttelt sein: von sich selbst, von der kontinuierlichen Abwehr von anderen. Deswegen diskutiere ich im nachfolgenden Teil 2, wie du Selbstzweifel, Unsicherheiten und abwehrende Äußerungen verstehen lernen kannst, um sie zu durchschauen, einordnen zu können und besser mit ihnen umgehen zu können.

TEIL 2

Selbstzweifel, Unsicherheiten und abwehrende Äußerungen verstehen lernen

In diesem Teil stelle ich systematisch dar, welche Zweifel dir in deinem diskriminierungskritischen Sprachhandeln kommen können, genährt durch immer wieder neu aufflammende öffentliche Diskussionen dazu in den Medien, auf deiner Arbeitsstelle, einer Bildungseinrichtung und im Bekanntenkreis. Mal ist in den Medien sowie in Alltagsgesprächen die eine abwehrende Äußerung zentraler, mal eine andere. Letztendlich arbeiten sie alle zusammen, ergänzen sich und spielen alle eine Rolle, auch wenn Menschen sie nicht immer bewusst und klar haben müssen.

Ich untergliedere diese Äußerungen in diesem Teil systematisch. Es gibt abwehrende Äußerungen, die vor allem bestimmte Sprachvorstellungen re_produzieren. Dann gibt es welche, die bestimmte Vorstellungen zu den Diskriminierungsformen genderbezogener Diskriminierung, Rassismus und BeHindert-Werden, Klassismus und Migratismus aufgreifen. Eine dritte Gruppe vollzieht die Abwehr über ein Subjektverständnis. Alle abwehrenden Äußerungen gehen aber auch ineinander über. Andere Dimensionen, die immer auch eine Rolle spielen, sind Vorstellungen von Geschichte und Kultur. Davor mache ich noch ein paar allgemeine Anmerkungen zu Abwehr, ihrem langlebigen Bestehen und möglichen Umgangsweisen damit.

ABWEHR NACHVOLLZIEHEN KÖNNEN: EINE TOOLBOX

Warum sind diskriminierungskritische Sprachveränderungen so unglaublich umstritten?
Warum werden diskriminierungskritische Sprachveränderungen so häufig abgewertet, ignoriert, lächerlich gemacht?
Und auf der anderen Seite: Warum sind diskriminierende Sprachhandlungen so langlebig? Warum gibt es heute immer noch dieselben abwehrenden Argumentationen zu Sprachveränderungen wie auch schon in den 70er und 80er Jahren des letzten Jahrhunderts?

Die systematische Sammlung dieses Teils versucht nachzuvollziehen, was den verschiedenen abwehrenden, zweifelnden und mitunter diffamierenden Argumenten zugrundeliegt – in Bezug auf Sprach- und Gesellschaftsverständnis, Selbstverständnis von Menschen und auch in Bezug auf mögliche Einstellungen zu Sprachveränderungen und Antidiskriminierung. Diese Sammlung und meine Erklärungen dazu sind nicht als Entschuldigung gedacht oder als Einfühlung. Sie sind ein Tool, damit du, in deinem Sprachaktivismus damit konfrontiert, besser nachvollziehen kannst, wie es zu dieser Abwehr kommt. Ich versuche zu erläutern, was hinter den Argumenten stehen könnte, die in den Medien und von konservativen Institutionen und Menschen immer wieder neu und doch so alt vorgebracht werden und so viel öffentlichen bzw. diskursiven Raum einnehmen. Die

Denkweisen der Abwehr nachzuvollziehen heißt nicht, sie zu entschuldigen. Es kann dazu ermächtigen, dass du handlungsfähig bleibst. Das fortdauernde, wort- und stimmgewaltige Äußern von Abwehr gegen diskriminierungskritische Sprachveränderungen ist umfassend vorhanden in der Gesellschaft. Es ist so wenig peinlich zu äußern – egal, wie unsachlich und hyperemotional, wie diskriminierend dies selbst wiederum ist. Dadurch kann es wie ein Gift auch manchmal in Menschen wie dich hineintröpfeln, wenn du versuchst dein eigenes Sprachhandeln diskriminierungskritisch zu gestalten.

Für dich in diesen Situationen des Zweifelns, Unsicher- und Alleinseins, der gedanklichen Herausforderung, ist diese Zusammenstellung hier gedacht. Sie soll dir helfen, differenziert Argumente zu verstehen, um dich innerlich besser davon abwenden zu können. Dies ist und bleibt eine große Herausforderung in einer Gesellschaft, die kontinuierlich das eigene Eintreten gegen Diskriminierung so grundsätzlich, pauschalisierend, ignorierend und respektlos herausfordert.

Die Überlegungen in diesem Teil bedeuten in keiner Weise, dass es notwendig ist, diskriminierungskritische Sprachveränderungen zu rechtfertigen. Versuch möglichst nie in eine Rechtfertigung zu kommen, warum du deine Sprache diskriminierungskritisch veränderst. Dass du es willst, dass du es machst, dass es richtig und anwesend für dich ist, reicht vollkommen aus!

Wie und was kommunizieren zu diskriminierungskritischen Sprachveränderungen?

Es kann wichtig sein abzuwägen, ob eine Kommunikation mit einer Person, die in Abwehr befindlich ist, überhaupt möglich ist. Nur, weil eine Person zu dir redet, heißt dies nicht, dass es eine respektvolle Kommunikation ist, in der es nicht nur um das Raushauen von eigenen Meinungen als allgemeingültige Wahrheiten und letzte Weisheiten geht, sondern um ein Teilen und Zuhören. Mögliche Fragen, die dir helfen können, das für dich abzuklären, sind:

- Handelt es sich bei den Fragen und Argumenten der Person um wirklich ernst gemeinte Fragen, die dein Anliegen ernstnehmen und respektieren?
- Sind die Argumente vorsichtig, sensibel und respektvoll gegenüber den Sprachentscheidungen, die du für dich triffst?
- Kann die andere Person dich hören, deine Punkte in eigenen Worten angemessen und nicht sarkastisch wiedergeben? Oder redet die andere Person über dich hinweg, textet sie dich zu?
- Spricht die andere Person dir dein Empfinden und deine politischen Überzeugungen ab?
- Bewertet die andere Person deine Äußerungen als »zu emotional», »voreingenommen«, »selbstbezogen«, »elitär«, »übertrieben«, »unverständlich« …?

Ob die andere Person deine Bedürfnisse und deine Strategien eines respektvollen Umgangs mit Diskriminierung hören und akzeptieren, und deine aktivistischen Sprachveränderungen als deine Entscheidungen stehen lassen kann, kannst du darüber klären, dass du die andere Person bittest, das, was sie von dir gehört hat, noch mal in eigenen Worten wiederzugeben. Eine solche Bitte könnte ungefähr so klingen:

»Könntest du dir vorstellen, das, was du von mir gehört und verstanden hast, noch mal in deinen Worten wiederzugeben? Das wäre wichtig für mich, um zu verstehen, ob meine Bedürfnisse/Wünsche/Auffassung ... und meine Argumente bei dir angekommen sind.«

Wenn die andere Person dies nicht machen will, deinen Wunsch lächerlich macht oder die Paraphrasierung deiner Gedanken abwertend, sarkastisch und nicht wirklich, sondern nur vorgeblich, geschieht, könnten das deutliche Hinweise darauf sein, dass dieser verbale Austausch gerade keine wirkliche Kommunikation ist und es hier nicht zu einem respektvollen, neugierigen Miteinander des Begegnens kommt. In einer solchen Situation könnte es respektvoller dir selbst gegenüber sein, aber auch eurem Kontakt gegenüber, erstmal auseinander zu gehen und das vorgebliche miteinander Reden für den Moment sein zu lassen. Das könnte zum Beispiel ungefähr so formuliert werden:

»Ich glaube, wir kommen hier gerade nicht so zusammen, dass wir beide in der Kommunikation vorkommen. Ich fühle mich nicht gehört von dir gerade, und ich würde vorschlagen, dass wir das Gespräch hier erstmal ruhen lassen, unsere Wünsche an unsere Kommunikation jeweils einzeln reflektieren und dann noch mal wann anders einen neuen Start im Kommunizieren dazu miteinander machen. Mir ist es ein Anliegen, dass du mich hörst und meine Wünsche, Empfindungen und Erfahrungen wahrnehmen kannst und sie mir nicht absprichst. Es ist mein Wunsch, dir meine Bedürfnisse und Entscheidungen vermitteln zu können, da ich gerne mit dir dazu im Kontakt sein will. Es ist mir ein Anliegen, dass wir in einem respektvollen Kontakt miteinander sind. Ein Ruhenlassen dieses Gesprächs wäre jetzt gerade respektvoller für mich, als in dieser nicht miteinander verbundenen Form weiter zu reden.«

Das ist natürlich nur eine von vielen möglichen Ausdrucks- und Umgangsweisen in einer solchen Situation. Wie immer bei diskriminierungskritischen Sprachveränderungen ist es wichtig, den eigenen Ton und Ausdruck zu finden. Sich inspirieren zu lassen und dann deine eigene Stimme hörbar zu machen.

Einige Menschen werden durch ein solches kommunikatives Verhalten vielleicht überhaupt erst bemerken, dass sie in Abwehr verharrt haben und sich dadurch öffnen können. Die Öffnung ist umso leichter, umso weniger Menschen sich in ihrer Substanz in Frage gestellt fühlen, sondern durch die Kritik bereichert. Dies passiert am ehesten, wenn du eine entsprechende Haltung einnehmen kannst im Gespräch.

Andere Menschen lassen sich vielleicht eher nicht bewegen, ihre eigene Abwehr anzusehen in dem Moment. Menschen in Abwehr wollen häufig die eigene Abwehr aufrechterhalten, sie sind dann nicht wirklich erreichbar. Es geht dem Gegenüber in diesen Situationen dann vielleicht nicht um ein Verstehen-Wollen, um ein Stehenlassen unterschiedlicher Argumente, um ein Hören-Können von Diskriminierungen über Sprachhandlungen. Die Gründe für die Abwehr sind vielfältig, wie ich in Teil 1 ausgeführt habe. Sie müssen den Menschen nicht bewusst sein oder äußerbar für sie sein.

Ganz häufig ist es so, dass die Essenz – »diese Sprachhandlung ist diskriminierend für mich« oder »diese Sprachhandlung erlebe ich als diskriminierend« – nicht hörbar ist.

Denn eigentlich bräuchte es in den ganzen Debatten, ob nun privat oder öffentlich, keine wissenschaftlichen Untersuchungen, repräsentativen Umfragen und etymologischen Herleitungen, um hören und zulassen zu können, dass bestimmte Sprachhandlungen für Diskriminierte diskriminierend sind. Es spielt keine Rolle, ob ein Wort im Altgriechischen mal potentiell mit einer anderen konventionellen Bedeutung belegt war oder ob es im Althochdeutschen diese Bedeutung gar nicht gegeben hat. Es spielt keine Rolle, ob es irgendeine diskriminierte Person gibt, die das Wort für sich »nicht schlimm« findet, die also vielleicht andere Entscheidungen getroffen hat, um mit sprachlicher Diskriminierung überleben zu können. Der

Umgang mit Diskriminierung ist individuell und unterschiedlich. Wie ich mit dem Erleben und in mich Greifen von Diskriminierung umgehe, kann sehr verschieden aussehen. Das wiederum kann auch viele verschiedene Gründe haben, die von dem Wunsch, die Diskriminierung nicht zu spüren reichen bis hin zu dem Wunsch, von der (eigentlich diskriminierenden, aber so allmächtigen) Gesellschaft und ihren Instanzen und Vertretens anerkannt zu werden – und über Diskriminierung zu sprechen als diskriminierte Person führt häufig nicht zu einer Anerkennung.

> In Diskussionen zum Sinn von diskriminierungskritischen Sprachveränderungen braucht es die Bereitschaft des Gegenübers anzuerkennen, dass es strukturelle Diskriminierung gibt und sich diese auch sprachlich manifestiert. Um selbst diskriminierungskritische Sprachveränderungen im eigenen Handeln umzusetzen, braucht es den Wunsch, die strukturelle Diskriminierungsdimension des Lebens wahrzunehmen und diese über das eigene Sprachhandeln zu verändern.

Nur weil viele Menschen etwas machen, also in diesem Fall konventionelle Sprachformen verwenden, bedeutet dies nicht, dass damit nicht Diskriminierungen re_produziert und weiter verfestigt werden. Auch wenn Menschen sich mit Diskriminierungsstrukturen beschäftigt haben, heißt dies nicht, dass ihre Sprachhandlungen diskriminierungsfrei sind. Es bedarf des Wunsches zu verstehen, wie tiefgreifend die strukturelle Dimension von Diskriminierung ist. Denn sie reicht weit über direkte körperliche Angriffe von einer Person gegen eine andere Person hinaus. Sie beginnt schon sehr viel früher, u. a. in Sprachhandlungen. Und sie hängt zusammen damit, dass Ausschlüsse in dieser Gesellschaft vielfältig realisiert werden: über ungleiche Bildungschancen, ungleiche Bezahlung und unterschiedliche Möglichkeiten, sich selbst zu verwirklichen in dieser Gesellschaft auf Grund unterschiedlicher Rechte, unterschiedlicher finanzieller Möglichkeiten und unterschiedlicher öffentlicher Anerkennung.

Selbstzweifelfragen und mögliche Erklärungen dazu

Vieles in Bezug auf den gesellschaftlichen Umgang mit Sprachgewalt lässt mich wundern. Es gibt keine einfachen Antworten auf Fragen, die sprachliche Gewalt betreffen:

- Warum ist es so schwierig, anzuerkennen, dass Diskriminierung sich auch sprachlich realisiert?
- Warum ist es für viele Menschen so schwierig, zu akzeptieren, dass selbstgewählte Benennungen und Ausdrucksformen für Diskriminierte existentiell sind?
- Warum ist es so schwierig, anzuerkennen, dass Sprache ein wichtiges antidiskriminierendes Handlungsinstrument ist?
- Warum ist es so schwierig, Respekt aufzubringen im Kommunizieren? Nicht zu schreien, nicht zu unterbrechen, diskriminierungskritische Benennungen zu wählen;

Benennungen zu wählen, die Menschen nicht ausschließen, keine zuschreibenden Fragen zu stellen …

Eine grundlegende Frage ist für mich in diesem Zusammenhang:

Warum werden Sprachhandlungen nicht einfach verändert, wenn es Kritik von Betroffenen gibt?

Es scheint mir so selbstverständlich: Menschen, die diskriminiert werden, finden bestimmte Benennungen diskriminierend und sagen, dass sie nicht möchten, dass diese benutzt werden für sie. Oder sie sagen, dass sie sich nicht gemeint fühlen mit bestimmten Benennungen und sagen, welche Benennungsformen sie meinen und ansprechen würden. Und/oder sie sagen, dass sie bestimmte sprachliche Bilder und Ausdrucksweisen diskriminierend finden und erklären das, wenn nötig. Alles das scheint aber in vielen Situationen mit anderen Menschen nicht auszureichen. Es scheint eine Idee zu geben, dass es jenseits dieser Bitten um respektvolle Kommunikation eine Norm und einen Maßstab gebe, der wichtiger sei als diese Form des Respekt-Zollens einer anderen Person gegenüber. Dass es Menschen gibt, die das nicht als am Wichtigsten erachten, sondern andere Maßstäbe heranziehen – von grammatikalischen ›Fehlern‹ bis zu Lästigkeit, ›mangelnder‹ Ökonomie, Schwierigkeit und der eigenen Vergesslichkeit –, fällt mir schwer zu akzeptieren.

Abwehr und Leugnung von diskriminierender Sprache und ihrer sozialen Relevanz hängt mit vielem zusammen. Im Folgenden sind immer wiederkehrende abwehrenden Aussagen zu diskriminierungskritischen Sprachhandlungen wiedergegeben. Die abwehrenden

Aussagen sind so sortiert, dass du einige deiner Selbstzweifel hier vielleicht wiederfinden kannst. Das, was unter ihnen steht, könnte dir helfen zu verstehen, warum die Herausforderung diskriminierungskritisch zu sprachhandeln, so unglaublich groß und immer wieder auch anstrengend ist in dieser Gesellschaft. Sie entsprechen auch den vielen Argumenten, die immer wieder zu hören sind, wenn Menschen und Institutionen diskriminierungskritische Sprachveränderungen abwehren wollen.

Zwei Sachen vorweg dazu:

1. Es ist auffällig, wie langlebig bestimmte abwehrende Argumentationen zu Sprachveränderungen sind. Viele von ihnen haben sich seit den 70er und 80er Jahren des letzten Jahrhunderts nicht großartig verändert. Jenseits dessen, um welche Ausdrücke, welche Kommunikationsweisen und welche Diskriminierungsformen gekämpft wird, die abwehrenden Argumentationen bleiben erstaunlich stabil. Auf einer bestimmten Ebene gibt es also keine große Bewegung gesamtgesellschaftlich, auch wenn sich die Begriffe und Themen, die zur Debatte stehen, wellenweise immer mal wieder ändern. Die Auffassungen zu Sprache, zu Gesellschaft und ihrer Veränderung, zu Normen, sind also über Jahrzehnte trotz aller engagierten Diskussionen recht stabil. Das macht ein Verstehen der abwehrenden Äußerungen und sogar ihre Voraussage recht einfach. Es zeigt gleichzeitig auch, dass die grundlegenderen Fragen dazu, worum es geht, nur selten

angeschnitten oder debattiert werden. Für mich geht es ganz grundlegend darum, welche Menschen und Positionen Äußerungs- und Deutungsmacht haben in einer Gesellschaft, wie stark es den Wunsch gibt, grundlegend etwas an Diskriminierungsstrukturen zu ändern und welche Rolle Sprachhandlungen dabei spielen können und dürfen. Zu allen diesen Aspekten folgt weiter unten mehr.

2. Es ist zudem interessant zu beobachten, dass die Abwehr gegen diskriminierungskritische Sprachveränderungen dieselben Grundzüge in den Argumentationen benutzt, egal, ob es sich um Sprachveränderungen in Bezug auf genderbezogene Diskriminierung, Rassismus oder BeHindert-Werden handelt. Es gibt also viele Gemeinsamkeiten und eine lange Kontinuität eines Versuchs, Sprache nicht als diskriminierungskritisches Handlungsinstrument anzuerkennen. Das im Hinterkopf zu behalten, kann dir helfen, dass du in einer langen, solidarischen Kontinuität mit Menschen vor und nach dir stehst, die trotz allem daran glauben, dass soziale Veränderungen möglich sind! Alles, was nachfolgend vorgestellt wird von mir, ist daher interessant zum Nachdenken über die verschiedensten Diskriminierungsstrukturen hinweg, die mindestens in der Abwehr, die ihren Veränderungen gegenüber gebracht wird, verbunden sind. Im Idealfall sind sie auch in ihrem Aktivismus verbunden.

Die Herausforderung in Diskussionen Pro und Contra diskriminierungskritischer Sprachveränderungen liegt unter anderem darin, wenn

- es keine Offenheit gibt, diskriminierungskritische Argumente zu hören und stehenzulassen;
- die Wünsche Diskriminierter nach bestimmten Sprachhandlungen nicht respektiert werden von Privilegierten;
- die grundlegenden Unterschiede eines Verständnisses von Sprache und Diskriminierung nicht explizit und bewusst ausgesprochen und in Folge wahrgenommen werden. Gerade deshalb laufen mögliche Diskussionen häufig aneinander vorbei, ohne dass verstanden wird, worin die ganz grundlegend unterschiedlichen Vorstellungen der Rolle von Sprache in und für Diskriminierung liegen.

Wenn Menschen diskriminierungskritische Sprachveränderungen abwehren, ist häufig keine wirkliche Kommunikation möglich, in der respektvoll anerkannt wird, dass es Menschen gibt, für die solche Sprachveränderungen lebens- und überlebenswichtig sind.

Häufig bringen abwehrende Äußerungen auch eine emotionale Abwehr zum Ausdruck, die mehr oder weniger stark hinter Argumenten versteckt wird.

Im Folgenden habe ich die unterschiedlichen Perspektiven auf Sprache von Menschen, die für und die gegen diskriminierungskritische Sprachveränderungen sind, zusammengestellt. Natürlich kann es auch sein, dass Menschen für die einen Sprachveränderungen sind, aber nicht für andere. Dass sie einiges wichtig finden, anderes zu viel, zu kompliziert, zu stressig, zu übertrieben. Vielleicht geht es dir selbst ja auch so. Die Zusammenstellung soll dir, wenn du Sprache aktivistisch diskriminierungskritisch verändern willst, helfen, besser zu verstehen, auf welchen Ebenen die Abwehr stattfindet oder welche Vorstellungen von Sprache und Diskriminierung in den abwehrenden Äußerungen aufgerufen werden. Sie können dir auf diese Weise zusätzlich auch bei Kommunikationen zum Thema helfen. Vor allem aber sind sie hier dazu gedacht, dein eigenes Nachdenken anzuregen oder zu schärfen und die eigenen Vorstellungen von Sprache und Diskriminierung für dich besser zu verstehen.

Auffassungen zu Sprache

Wenn du Sprache diskriminierungskritisch veränderst, dann vertrittst du bewusst oder unbewusst wahrscheinlich diese Sprachauffassung:

★ **Sprache drückt Weltsicht aus.**

★ **Sprache schafft Wirklichkeitsvorstellungen.**

★ **Sprache kann die Weltsicht beeinflussen durch die Weise, wie die Wirklichkeit sprachlich gefasst wird.**

- ★ Sprache ist eine soziale Handlungsebene.

- ★ Sprache ist eine Handlung.

- ★ Sprachregeln und Grammatiken sind Destillationen eines bestimmten, machtvollen und konventionellen Sprachgebrauchs. Sie sind immer erst nachträglich formulierte Regelmäßigkeiten eines herrschenden Sprachgebrauchs. Sie sollten keine Vorschriften sein, wie Menschen sprachlich zu handeln haben. Ist das der Fall, handelt es sich um eine politisch höchst gefährliche Situation.

- ★ Sprache ist eine schnelle, einfache und immer anwendbare Form politisch aktiv zu sein.

- ★ Sprache ist dynamisch, nicht festlegbar. Sprache verändert sich ständig und überall.

- ★ Sprache kann sich durch den Sprachgebrauch jeder einzelnen Person verändern: Jede Person hat die Möglichkeit das eigene Sprachhandeln zu verändern.

- ★ Sprache ist die Möglichkeit, sich so präzise und differenziert wie möglich und wie notwendig auszudrücken.

Wenn du Sprache diskriminierungskritisch veränderst, dann bist du in Diskussionen, die von Abwehr geprägt sind, wahrscheinlich mit einigen der folgenden Sprachauffassungen konfrontiert:

- Sprache ist neutral.
- Sprache darf sich nur aus sich selbst heraus verändern. Diskriminierungskritische Sprachveränderungen sind ideologische Eingriffe in ein neutrales System, das Sprache ist.
- Sprache besteht aus Regeln. Diese werden auch Grammatik genannt und sind zu befolgen. Nur so ist Verständigung abgesichert.
- Die diskriminierungskritischen Sprachveränderungen folgen diesen Regeln nicht oder nicht in jedem Detail. Sie sind ein unzulässiger und unzumutbarer Eingriff in die Sprache. Sie gefährden Verständigung.
- Sprache muss also in ihren Begriffen und vor allem in ihrer Grammatik stabil sein, damit Sprache ein funktionierendes Verständigungsmittel sein kann.
- Sprache dient der Kommunikation. Wenn Sprache verändert wird, wird die Kommunikation unmöglich oder zumindest schwieriger gemacht.
- Sprache hat nichts mit den Vorstellungen zu tun, die Menschen haben und sich machen. Handlungen und Sprache sind zwei verschiedene Dinge. Erst müssen Handlungen geschehen, dann wird die Sprache schon ganz automatisch und organisch nachfolgen.
- Sprache ist ein zu bewahrendes, rein zu haltendes Kulturgut.

- Als Kulturgut ist Sprache ästhetisch ansprechend – Sprache ist schön. Jegliche politisch motivierte Veränderung macht sie unästhetisch oder hässlich.

In der Gegenüberstellung der Sprachsichten wird bereits deutlich: Es wird über ganz Verschiedenes geredet auf der Pro- und Contra-Seite. Die Grundvorstellungen dazu, was Sprache ist, unterscheiden sich in vielen wichtigen Einzelpunkten. Wenn dies nicht auch explizit gemacht wird, wenn nicht davon ausgegangen wird, dass es unterschiedliche Sprachvorstellungen gibt, dann ist es wahrscheinlich, dass ein Gespräch zu diskriminierungskritischen Sprachhandlungen bereits in seinen Fundamenten Diskrepanzen aufweist, die eine Verständigung erschweren. Häufig werden Vorstellungen zu Sprache, wie die hier aufgelisteten, in Gesprächen und Artikeln nicht in der Weise explizit gemacht, wie das jetzt hier der Fall ist. Häufig liegen sie den Argumentationen implizit oder subtil, mitgedacht und vorausgesetzt, aber nicht ausgesprochen, zugrunde. Konkrete abwehrende Äußerungen, die diese Sprachsichten aufnehmen, werden in Teil 3 konkret benannt und genauer diskutiert.

Auffassungen zu Diskriminierung

Verstehst du Sprache als ein Instrument diskriminierungskritischer Veränderung, bedeutet das womöglich Folgendes in Bezug darauf, wie du Diskriminierung verstehst:

- ★ Diskriminierung ist eine Struktur, die das Leben und damit auch das Wahrnehmen und die sprachlichen Handlungen bestimmt.

- ★ Sprachhandlungen sind ein wichtiger Ausdruck dieser Diskriminierungsstrukturen. Umso verfestigter diese Strukturen sind, umso unhinterfragbarer erscheinen diskriminierende Sprachkonventionen und umso stärker gestaltet sich die Abwehr gegen Sprachveränderungen.

- ★ Diskriminierungen sind nur sekundär absichtliche Handlungen von Individuen gegen andere Individuen. Diese diskriminierenden Handlungen sind eine Folge von den Diskriminierungsstrukturen. Sie bauen auf diesen auf – und das häufig unbewusst.

- ★ Die Diskriminierungsstrukturen fassen Menschen als Gruppen zusammen, machen sie zu Teilen sozial hergestellter Kategorien: Gender, Rassifizierung, BeHindert-Werden, Klasse, Alter, Herkunft, Nationalität und viele andere. Diese Kategorien werden hergestellt über die Annahme, dass Menschen der einen Gruppe anders sind als die der anderen: in Bezug auf Fähigkeiten, körperliche Merkmalen, Gefühle, Leistungen, Vorlieben und vieles mehr. Diese Unterschiede werden als natürlich wahrgenommen und sind an Wertungen geknüpft. Auf diese Weise entstehen Hierarchien und Machtgefälle. Dazu steht in Teil 1 ab Seite 29 mehr.

★ Diskriminierungsstrukturen verwirklichen sich darüber, dass die eine Gruppe diskriminiert wird und die andere privilegiert. Sprachlich privilegiert zu werden ist also ein wichtiger Teil sprachlicher Diskriminierung. Dem wird häufig wenig Aufmerksamkeit geschenkt in Debatten.

★ Privilegierte Gruppen werden in der Regel als allgemeinmenschlich wahrgenommen und nicht als besondere oder spezifische Gruppe: Männer und *W*eiße sind in dieser Wahrnehmung schlicht nur Menschen und nicht rassifizierte und gegenderte Gruppen. Werden diese privilegierten Gruppen explizit benannt, stößt dies häufig auf Abwehr, da damit gesellschaftliche Normalitäten herausgefordert werden. Normalitäten sind auch so wirkmächtig, weil sie häufig nicht extra geworttet werden.

★ Diskriminierte werden zumeist als Opfer hergestellt und wahrgenommen. Diskriminierte Men-

schen werden weniger als Individuen (Ismael Banfin, Serifa Kolucku) wahrgenommen, sondern primär als Angehörige einer diskriminierten Gruppe (der Deutschtürke; die Migrantin).

★ **Diskriminierungen sind so grundlegend und machtvoll, dass sie häufig als Normalität wahrgenommen und nicht mehr hinterfragt werden. Auch Diskriminierte können die Diskriminierung als Normalität erleben, sich selbst schuldig, schlecht, emotionaler und vieles mehr fühlen. In diesen Fällen ist die Diskriminierung so stark, dass sie von den Betroffenen verinnerlicht worden ist und wird. Dies ist auch eine Überlebensstrategie.**

Die Sicht auf Diskriminierung die oft hinter der Abwehr von diskriminierungskritische Sprachveränderungen steht lässt sich grob so zusammenfassen:

- Diskriminierungen sind einzelne, absichtliche und individuelle Handlungen von einer Person gegen eine andere Person.
- Diskriminierungen sind bewusste Handlungen von Individuen gegen andere Individuen. Dies entspricht weitgehend einem juristischen Umgang mit Diskriminierung.
- Privilegien spielen keine Rolle, sie sind kein Teil struktureller Diskriminierung. Es gibt keine Verantwortung von

Privilegierten für Diskriminierung, keine Schuld, kein Mitfühlen. Die Diskriminierte und Diskriminierung sind das Problem, nicht die eigene Privilegierung.

- Die Gesellschaft ist gut und neutral; die Diskriminierung ist eine nicht gute Tat von Individuen und hat nichts mit der an sich guten Gesellschaft zu tun.
- Diskriminierung ist körperliche Gewalt. Sprache ist einfach nur Sprache und selbst wenn Sprache diskriminierend sein sollte, ist das nicht so wichtig und entscheidend. Sprachliche Diskriminierung ist nicht wirklich Diskriminierung, ist nicht ernst zu nehmen.
- Wichtig dafür, ob etwas Diskriminierung ist, ist die Intention und nicht eine Konvention, also eine über lange Zeit gewachsene sprachliche Gebrauchsweise, wie sie sich beispielsweise in vielen rassistischen Sprachhandlungen zeigt.
- Diskriminierung gibt es nicht. Menschen sind problematisch und wollen was. Es gibt persönliche Unfähigkeit, Inkompetenz und persönliches Unglück, aber keine Diskriminierung.

Diese auch beim Aufschreiben recht krassen Glaubenssätze finden sich in abwehrenden Äußerungen zu diskriminierungskritischen Sprachveränderungen in der einen oder anderen Weise wieder. Sie können explizit oder implizit sein. Sie können also direkt geäußert sein oder einer Äußerung unterliegen als mitgemeinte, indirekt aufgerufene oder subtile Vorannahmen. Sie widersprechen den Diskriminierungskonzepten von Menschen, die Sprachveränderungen als eine wichtige diskriminierungskritische Handlungsweise betrachten. Da diese Annahmen häufig implizit in Aussagen mitschwingen und nicht explizit als Annahmen äußert werden, kann es schwierig sein, die abwehrenden Äußerungen überhaupt zu verstehen. Es ist fast so, als würden sie sich in einem anderen Universum befinden. Die Äußerungen zu verstehen kann jedoch sehr wichtig sein, um einen für die Veränderungen von diskriminierenden Strukturen produktiven Umgang damit entwickeln können. Deshalb werden konkrete abwehrende Äußerungen in Teil 3 zitiert und dort ausführlicher besprochen.

Die Rolle von Emotionen bei diskriminierungskritischen Sprachveränderungen

Diskriminierungskritische Sprachveränderungen im Kommunizieren mit anderen zu verwirklichen, ist ein mutiger Schritt: Es ist ein Schritt hin zu einer Anwesenheit im Kommunizieren.

Du zeigst dich und gehst nicht einfach über Äußerungen hinweg. Du hörst hin. Dies erfordert Mut – wie jegliche Form diskriminierungskritischen Handelns. Denn es fordert Muster heraus und verlässt eingetretene Wege.

Der Entscheidung diskriminierungskritisch zu sprachhandeln, liegt häufig das Bedürfnis Diskriminierter zugrunde, eine höhere

Anwesenheit im Kommunizieren zu versuchen, wollen, wünschen. Dies ist ein Wagnis, weil es auf Abwehr, Unverständnis und Ignoranz stoßen kann und meist nicht als Geschenk angesehen wird von Privilegierten, dass du dich umfassend in die Kommunikation einbringen willst. Es ist ein hohes emotionales Engagement, wenn du als diskriminierte Person durch deine diskriminierungskritischen Sprachhandlungen Anwesenheit im Kommunizieren wagst. Diskriminierungskritisch zu sprachhandeln ist also eine persönliche Öffnung von dir, ein dich Preisgeben, ein Dich-Anwesend-Machen und damit auch ein Verletzbar-Sein. Dies trifft häufig auf einen Kommunikationskontext, der diese hohe Bereitschaft zum Teilen nicht angemessen wertschätzen kann, sondern sich durch dein als unkonventionell erlebtes Kommunikationsverhalten angegriffen fühlt: durch neue Sprachformen, die Bitte, bestimmte Ausdrücke nicht zu verwenden und dem Wunsch, nicht unterbrochen zu werden, durch Nachfragen bei der Verwendung diskriminierender Begriffe in der Kommunikation und vielem mehr. Menschen, die verunsichert sind und Menschen, die aufgrund von Privilegien nicht viel über ihren Sprachgebrauch nachgedacht haben bisher, erleben solche Äußerungen häufig als Angriffe. Dies mündet wiederum in emotionaler Abwehr.

Emotionale Abwehr kann sich zeigen in:

- Unterbrechen als Ausdruck von Genervtsein, Ungeduld, latenten Schuldgefühlen;
- einer aggressiven Grundstimmung;

- höhere Lautstärke des Sprechens, um etwas zu übertönen, um etwas wegzureden;
- einer verschlossenen Körperhaltung: Blick zur Seite oder nach oben, verschränkte Arme, Abwenden des Oberkörpers;
- einer aggressiven Gestik;
- angreifenden und aufgebrachten Äußerungen (»Aber du ...« »... also wirklich!«, »das kannst du doch nicht ernst meinen!« und vielen weiteren solchen Äußerungen);
- einem Kommunizieren, das vor allem Gegenargumente sucht und aneinanderreiht, ohne auf die Grundsituation (die Veränderung sprachlicher Diskriminierung) einzugehen, diese verstehen und nachvollziehen zu wollen;
- pseudo-humoristischen Abwertungen und Lächerlichmachen
- Übertreibungen der gewünschten Sprachachtsamkeit (»dann darf ich jetzt wohl gar nichts mehr sagen«, »Dann darf ich jetzt auch nicht mehr … sagen«, »Dann sag ich eben gar nichts mehr!« ...);
- dem Anbringen von Argumenten, die vom Thema wegführen;
- explizitem und überleitungslosem Themenwechsel;
- einem kompletten Verlassen der Kommunikationssituation.

Eine Abwehr von diskriminierungskritischen Sprachveränderungen in welcher Form auch immer macht zugleich deutlich: Die Sprachveränderungen sind nicht egal. Es zeigt sich durch und in der von der abwehrenden Partei gefühlten Notwendigkeit emotional und stark zu reagieren, dass die diskriminierungskritischen Sprachveränderungen eine Rolle spielen, dass sie durchaus von Relevanz sind, dass sie eine wichtige soziale Veränderung ermöglichen. Ansonsten müssten Menschen sich gar nicht damit befassen und würden die ganzen Debatten und Vorschläge einfach an sich vorbeiziehen lassen. Oder sie würden sie einfach übernehmen, wie sie es in anderen Bereichen, in denen es kontinuierlich neue Wörter gibt, machen: wie in Bezug auf Corona (unterschiedliche Masken, unterschiedliche Impfungen, Einschätzungen zu Krankheitsverläufen mit Spezialvokabular), Klimafragen (politische Szenarien und Darstellungen, Informationen über Klimaphänomene), soziale Medien (unterschiedliche virutelle Kommunikationsdienste mit jeweils Spezialbenennungen), um nur einige Beispiele zu nennen.

Dass diskriminierungskritische Sprachveränderungen nicht einfach ebenso übernommen werden, zeigt vor allem: die damit verbundenen gesellschaftlichen Veränderungen sind nicht gewollt, sind für Menschen, die diese abwehren, nicht vorstellbar, nicht gewünscht, sind bedrohlich. Es zeigt: Sprachliche Veränderungen machen einen entscheidenden Unterschied für die eigene Wahrnehmung! Sprachliche Veränderungen sind nicht schwierig auszusprechen oder zu merken. Sie sind so ›schwierig‹ für viele Menschen, weil sie ihr Denken verändern würde.

Das alles zu verstehen, entschuldigt abwehrende Auffassungen nicht. Es hilft dir aber dabei, häufig recht emotional vorgebrachte Kritik und Vorstellungen besser einordnen und einschätzen zu können und sie nicht persönlich zu nehmen – sondern sie als kommunikative Mitteilung von Hilflosigkeit, Angst, Unsicherheit interpretieren zu können. Ein solches Einschätzen abwehrender Äußerungen kann dir dabei helfen, dich nicht davon so grundlegend angreifen zu lassen, dass du aus dir rausfällst, den Boden und deine Balance verlierst. Ein Angriff ist etwas anderes als ein interessiertes, offenes Interagieren mit einer anderen Person. Dies differenzieren zu lernen, kann dabei unterstützen, besser bei dir und deinen eigenen politischen Handlungsentscheidungen zu bleiben.

ZUM ABSCHLUSS NOCH MAL DIE WICHTIGSTEN EMPOWERNDEN MOTIVATIONEN

Hier fasse ich jetzt noch mal die wichtigsten persönlichen Motivationen für diskriminierungskritische Sprachveränderungen zusammen.

Diskriminierungskritische Sprachveränderungen sind – vor allem und primär – diskriminierungskritisch!

An alle Gegenargumentationen kannst du als Erstes immer die Frage stellen: Aus welcher Position werden die abwehrenden Aussagen gemacht? Und für und über welche Menschen werden hier so Aussagen getroffen? Für welche Menschen sind Sprachveränderungen beispielsweise zu umständlich, zu lang, zu unökonomisch, zu unverständlich, zu feministisch, zu anti-rassistisch, zu korrekt, zu angepasst, zu politisch korrekt, zu modern usw.?

> Und für welche Menschen sind die Sprachveränderung vielleicht das erste Mal, dass sie einen Moment erleben, in dem sie angesprochen sind? Das erste Mal, dass sie sich in Sprache wiederfinden, ein Zeichen für einen respektvollen Raum, in dem sie sich trauen anwesend zu sein. Für welche Personen und Personengruppen ist eine diskriminierungskritische Sprache eine Form sich auszudrücken, sich zu trauen anwesend zu sein, sich zu kommunizieren, sich mitzuteilen?

In allen abwehrenden Äußerungen also, die mit Bewertungen wie den obigen arbeiten, ohne explizit zu machen, auf welche Personen oder Personengruppen sich die Argumentation bezieht, werden pauschalisierende, verallgemeinmenschlichende Aussagen getroffen. Diese bilden nicht die Vielfalt möglicher Positionen zu einem Thema ab, sondern stellen eine privilegierte Auffassung als allgemeinmenschlich dar.

Diskriminierungskritische Sprachveränderungen sind notwendig und zentral für diskriminierungskritische Weltveränderung

Die Idee, dass alles sich mit der konventionellen Sprache ausdrücken lässt, ignoriert, wie sich strukturelle Diskriminierungen auch in den allgemeinen Sprachgebrauch eingeschrieben haben. Wie sonst kann es beispielsweise eine ernstgemeinte Diskussion dazu geben, dass maskuline Personenbezeichnungen neutral seien und alle meinen würden – wenn nicht vor dem Hintergrund einer patriarchalen Gesellschaft, in der Mann gleich Mensch ist und das so fest in das gesellschaftliche System ein- und fortgeschrieben und von allen Instanzen und Individuen in der Gesellschaft weitgehend so hingenommen wird, dass das Maximum der ›Frauenförderung‹ eine Anpassung an männliche Normen ist (genauso viel verdienen zu dürfen, theoretisch zumindest, genauso viele Posten in Aufsichtsräten, Parlamenten, Aktienunternehmen … haben zu dürfen und das aber lediglich als Selbstverpflichtung von Politik und Wirtschaftsunternehmen)? Es wäre schon eine große Veränderung, würde die Gesellschaft zumindest die Idee von zwei Geschlechtern ernst nehmen und nicht nur Frauen als Geschlecht ansehen und Männer als Menschen. Eine solche Gesellschaft würde dann selbstverständlich auch zwei sprachliche Formen – eine für jedes Geschlecht – etablieren. Diese Gesellschaft würde dann darüber hinaus natürlich eine genderfreie oder genderneutrale Form wollen, die nicht identisch ist mit der spezifischen Form für Männer, denn es sind ja Männer. Diese kleine Utopie ist immer noch weit von der patriarchalen

Wirklichkeit entfernt. Darüber hinaus sind in diesem fiktiven Szenario Personen, die sich als weder Frau noch Mann verstehen, gar nicht erst mitgedacht. Dass diese Gesellschaft aber nicht eine neutrale Sprachform will für alle Menschen, und das schon sehr lange, sondern es ausreichend findet, wenn Frauen eine gendermarkierte Form haben und Männer einfach eine allgemeinmenschliche, oder es zum Ziel hat, dass alle Frauen sich mit den männlichen Formen genauso angesprochen fühlen sollen – das alles sagt etwas über den grundlegenden Sexismus und Genderismus dieser Gesellschaft aus, der so grundlegend eben nicht verändert werden soll.

Veränderte Sprachformen machen Diskriminierte verständlich und anwesend

Veränderte Sprachformen sind nicht unverständlich und umständlich. Für Menschen wie mich, die sich nicht als weiblich oder männlich verstehen und die eine Kritik an der Grundsätzlichkeit von Mann = Mensch haben, sind androgendernde Maskulina unverständlich – und nicht die wunderschönen, kreativen Sprachformen, die diese Norm nicht länger nachvollziehen. Ich empfinde androgendernde Sprachformen als einen brutalen direkten Ausdruck des Fortbestehens des Patriarchats. Als solche sind sie für mich hässlich, konservativ, reaktionär, diskriminierend. Sie sind für eine Gesellschaft, die nicht diskriminieren will, nicht zeitgemäß und peinlich. Androgendernde Formen sind für mich ein Zeichen für eine überholte patriarchale Weltvorstellung, die so immer wieder neu als normal hergestellt wird. Ich drehe hier also die bewertende Argumentation um von einer diskriminierten Positionierung aus. Androgendernde Maskulina sind darüber hinaus umständlich für mich, denn ich muss sie mir beim Lesen kontinuierlich übersetzen. Das braucht Zeit und Energie und häufig auch Kreativität. Denn häufig sind es nicht nur diese einzelnen Formen, die für mich ausschließend und verkürzend sind, auch der weitere Äußerungskontext ist häufig heteronormativ und damit genderqueere Menschen und Lebensweisen ausschließend. Ich kann mir gut vorstellen, dass es durch Rassismus diskriminierten Menschen und durch BeHinderung diskriminierten Menschen ähnlich geht beim Lesen und Zuhören.

Diskriminierungskritische Sprachveränderungen sind Ausdruck einer respektvollen Haltung

Abwehrende Äußerungen machen häufig so, als gäbe es eine neutrale Sprache und als hätte die neutrale Sprache nichts mit irgendwelchen Diskriminierungen zu tun. Ein solches Argumentieren verschließt sich vor der gelebten und erlittenen Realität vieler Diskriminierter mit Sprache. Diskriminierte erleben bestimmte Sprachpraktiken häufig als diskriminierend, verletzend, erniedrigend, ihre Realitäten ignorierend. Als privilegierte Person fühlst du dich vielleicht eigentlich meistens gemeint und angesprochen. Verstehst die sprachlichen Bilder, die genommen werden, kannst dich mit den Hauptfiguren in Romanen identifizieren, mit ihren Lebensweisen und sozialen Verhältnissen. Oder kannst mindestens daran anschließen. Für viele Menschen sind diese Ausdrucksweisen, die sprachlichen Bilder und die Figuren jedoch keine Identifikationsmöglichkeiten. Sie müssen sich solche Sprachhandlungen die ganze Zeit übersetzen. Und sind entsprechend angestrengt, verletzt, verunsichert, außenvorgelassen in solchen Äußerungen. Konventionelle Sprachgebräuche, die genau sowas machen, als neutral wahrzunehmen, neutralisiert Rassismus, BeHindert-Werden und Genderismus – macht diese Diskriminierungen zu einem Normalzustand. Das zu verändern ist ein Ziel diskriminierungskritischer Sprachhandlungen. Es empowert Diskriminierte und es eröffnet Privilegierten neue und differenziertere Wahrnehmungsmöglichkeiten, u. a. von ihren eigenen Privilegien und wie diese sich sprachlich immer wieder neu und weiter festschreiben.

Diskriminierungskritische Sprachveränderungen sind ein wichtiger Baustein einer Welt ohne Diskriminierung

Sprache schafft Wirklichkeitsvorstellungen.

> Wenn Diskriminierungen durch Sprachhandlungen überwindbar scheinen, wenn sie im Sprechen und Schreiben verändert werden können, so ist dies zugleich eine gelebte Vision dazu, wie die Gesellschaft aussehen könnte, wie alle in dieser Gesellschaft agieren könnten.

Es wäre eine Welt in Verbundenheit und Respekt, eine Welt mit Offenheit und Neugier, einem Wunsch nach Vielfalt statt Einfalt. Sie drückt sich aus in der Zeit zum Kommunizieren, zum differenzierten Ausdruck und zu empathischem Zuhören, zum verstehen wollenden Nachfragen, im respektvollen Austausch. In deinem Sprachhandeln kannst du die Welt leben, die du dir wünschst. Dein Sprechen und Schreiben, dein Kommunizieren und Dich-auf-andere-beziehen sind wichtige Möglichkeiten, Welt zu verändern und dich und andere zu empowern und in dieser Welt anwesend zu machen. Audre Lorde drückt das in »The Transformation of Silence into Language and Action« (in Sister Outsider, Berkeley 1984) so aus:

»I was going to die, if not sooner then later, whether or not I had ever spoken myself. My silences had not protected me. Your silence will not protect you. [...] What are the words you do not yet have? What do you need to say? What are the tyrannies you swallow day by day and attempt to make your own, until you will sicken and die of them, still in silence?«

Diskriminierungskritische Sprachveränderungen sind schön!

Dich anwesend zu machen im Sprechen und Schreiben, dich zu trauen eine Stimme zu haben, den ganz eigenen Ausdruck zu finden und diesen sprechend und schreibend, kommunizierend, zuhörend und diskutierend mit anderen zu teilen, ist wunderschön.

Sprachliche Handlungen können die Schönheit von Respekt und Wertschätzung, Achtsamkeit und Verbindung zum Leuchten und Strahlen bringen.

Das gilt nicht nur für Gedichte, sondern für jede sprachliche Alltagshandlung. Sie ist eine Chance auf Schönheit. Schönheit ist eine Überwindung von Gewalt, Gewalthandlungen, Gewaltverhältnissen. Sprachliche Schönheit ist getragen von einer gelebten Diskriminierungskritik und dem Wunsch, dies sprachlich auszudrücken. Und das alles ist so wunderschön!

Diskriminierungskritische Sprachveränderungen sind einfach zu machen, sind alltäglich und immer möglich

Und das Schöne an diesen diskriminierungskritischen Sprachveränderungen ist zudem: Du kannst sie jederzeit machen: im Tagebuch-Schreiben und Reden zu dir selbst, im Formulieren einer E-Mail, im Gestalten einer Blogseite, in der Ansprache im Baumarkt, in der Kommunikation im Bus, im Unterricht und in WG-Treffen. Diskriminierungskritische Sprachveränderungen sind immer möglich, in allen alltäglichen und außerordentlichen Situationen.

Diskriminierungskritische Sprachveränderungen sind eine Haltung, die Respekt und Wertschätzung, Wunsch nach Frieden und Verbindung auf der Welt, mit allen Menschen und allem Lebendigen ausdrückt.

Dies ist zum Teil weit verschüttet durch Kolonialismus, Kapitalismus und durch patriarchale Strukturen, die die liebenden und wertschätzenden Verbindungen von Menschen zu sich selbst, zu anderen und zu allem Lebendigen gekappt haben und sie durch andere Pseudo-Bedürfnisse und -Bedürfnisbefriedigungen ersetzt haben. Jede diskriminierungskritische Sprachhandlung ist ein Versuch, den gekappten Faden wiederaufzunehmen und weiterzuspinnen, verschüttete Verbindungen wieder spür- und erlebbar zu machen, einzutreten für eine andere Welt und eine friedliche, verbundene Lebensweise zu wagen.

Eine diskriminierungskritische Sprachhaltung heißt, auf einem friedlichen, verbindenden Weg zu sein. Ein Weg, der in einer kapitalistischen Gesellschaft eher verschüttet ist. Ein Weg, auf dem du dir selbst neu und anders begegnen kannst.

Du kannst sprachlich anfangen in Kontakt zu gehen, deine Verbindung zu allem Lebendigen auszudrücken in einer wertschätzenden Weise. Dass dir dies vielleicht weit weg vorkommt, idealistisch oder unvorstellbar, zeigt vielleicht nur, wie tief diese Verbindung in vielen Menschen vergraben liegt – auch das ist ein kapitalistisches System der Dauerbeschäftigung mit anderem. Sprachlich bewusst, sensibel und reflektiert zu handeln kann bedeuten, den Kontakt zu dir und Welt wieder neu zu beleben. Eine neue Sprache zu finden für die verschiedenen Beziehungen, die du hast zu allem Lebendigen, kann dich und andere empowern, dich selbst und die Welt neu wahrzunehmen und neu zu gestalten. Sprachliche Handlungen bewusst zu gestalten ermöglicht es dir, dich selbst als bewusster und aktiv gestaltender Teil von Gesellschaft und Welt wahrzunehmen.

TEIL 3

Welche Muster finden sich in der Abwehr diskriminierungskritischer Sprachveränderungen?

WARUM DIESER TEIL?

Diskriminierungskritischen Sprachveränderungen wird oft mit Abwehr begegnet. In diesem Teil findest du eine Übersicht über immer wiederkehrende abwehrende Äußerungen. Ich habe sie zu Gruppen zusammengefasst – denn es finden sich die immer gleichen Punkte, Kommentierungen und Muster in ihnen. Sie unterscheiden sich in Kleinigkeiten und in Bezug auf die Diskriminierungsform, also ob es sich um eine Abwehr von anti-rassistischen, anti-genderistischen oder weiteren Diskriminierungsformen handelt. Doch in der Grundstruktur sind die Muster der Abwehr die gleichen.

Schwerpunkt der Zusammenstellung ist es, aufzuzeigen, wie du als Sprachaktivistens mit diesen abwehrenden Äußerungen von Menschen umgehen kannst. Dabei ist es nicht das Ziel, die Abwehr zu ›widerlegen‹ – was auch häufig gar nicht gehen würde, denn zumeist sind es schon nicht mal wirkliche Thesen, die geäußert werden. Zumeist handelt es sich um verbale Allgemeinplätze, unhaltbare Thesen, überspitzte Vorstellungen, seltsam formulierte Ängste und vor allem sehr viele Projektionen. Es ist das Ziel dieser Zusammenstellung, dir dabei zu helfen, die Abwehr einfacher zu durchschauen und kreative und für dich selbst produktive Umgangsweisen damit finden zu können. Dieser Teil ist nach Gruppen abwehrender Äußerungen sortiert. Für diese gebe ich jeweils mehrere Beispiele. Ich kommentiere sie und biete unterschiedliche Erklärungen an, warum solche Äußerungen gemacht werden und sich Abwehr in dieser Weise zeigt. Ich gebe dir hilfreiche Informationen an die Hand und formuliere am Ende jeden Abschnitts mögliche Gesprächsangebote in einer kommunikativen Situation, in der du diese Äußerungen hörst. Geframt ist das alles von Körperübungen, die ich dir anbiete, um nicht aus dir raus zu fallen und dein eigenes Erleben zu fokussieren in solchen Situationen (danke an Elih für diese wunderbare Idee!). Alles, was du hier liest, sind natürlich nur Ideen. Es ist immer wichtig, darauf zu achten, ob es sich wirklich um eine mögliche Kommunikation handelt – also ob die andere Seite dich auch hören kann und will und eine Offenheit hat für vielleicht neue Perspektiven. Nur weil Menschen reden, heißt dies nicht, dass es Kommunikation ist. Es könnte auch gewaltvoll sein. Deshalb ist es immer wichtig, dass du nachspürst, wie sich die Kommunikation anfühlt. Fühlst du dich respektiert? Fühlst du dich gehört? Oder glaubst du etwas verteidigen und rechtfertigen zu müssen? Im Zweifelsfalle ist es immer besser, erstmal aus der Situation herauszugehen, durchzuatmen, nachzudenken und dann noch mal neu zu überlegen, wie ein Gespräch aussehen könnte, ob und warum du dieses Gespräch führen willst.

KOMMUNIKATION ODER GEWALT? EINE ERSTE HILFESTELLUNG

Hier als Start eine Übersicht, die dir helfen kann zu erkennen und einzuordnen, ob die Äußerung des Gegenübers, der Zeitungsartikel und der Blogeintrag Meinungsäußerungen sind oder ob es Gewalt ist, die du gerade erlebst, hörst, liest. Ganz am Ende dieses Teils komme ich noch mal zu den Gewaltäußerungen zurück.

Die meisten gewaltvollen Äußerungen basieren auf der inhaltlichen Ebene auf:

Übertreibungen

»Dann darf ich ja gar nichts mehr sagen!«, »Dann sag ich eben nichts mehr.«, »Ich kann es ja nur falsch machen.«

Pauschalisieren

»Dann darf ich jetzt ja Menschen nicht mehr anreden, weil ich weiß ja nie, wie sie sich verstehen.«

Lächerlichmachen

»Das ist ja lächerlich.«, »Was ist denn die dritte Form zu Kuh und Stier?«

Falschverstehen/Nichtzuhören

»Ja, aber ...«, »Willst du also sagen, dass ich diskriminiere?«

Worte und Argumentationen umdrehen

»Das finde ich diskriminierend/vorschreibend ..., das ich so reden soll ...«

Oder einer Kombination von alldem.

Worte und Argumentationen umzudrehen zeigt sich in vielen verschiedenen Weisen.

- Ganz häufig fühlen sich Menschen diskriminiert, die andere sprachlich diskriminieren;
- fühlen Menschen sich bevormundet, die andere bevormunden durch ihr Dogma, dass die Sprache neutral sei;
- fühlen Menschen sich gemaßregelt durch Vorschläge zu einem diskriminierungskritischen Sprachgebrauch und maßregeln durch das Ignorieren davon andere;
- fühlen Menschen sich kritisiert – und kritisieren deshalb andere.

Jede Äußerung, die dich in deinem Argumentieren und Erklären abbricht, ist potentiell gewaltvoll. Jede Äußerung, die mit »ja, aber« beginnt und nicht ungefähr so: »Ah, danke für die Erklärung, ich verstehe. Könntest du mir noch erklären, warum ...« ist potentiell gewaltvoll und kein offenes Angebot zum Kommunizieren.

★ **Trau auf dein Bauchgefühl/deine Intuition**

★ **Fühlst du dich respektiert in der Kommunikation?**

★ **Fühlst du dich gehört?**

★ **Fühlst du ein offenes Interesse der anderen Person?**

Wenn das alles nicht der Fall ist, kann es gut möglich sein, dass es sich nicht um eine respektvolle Kommunikation handelt, sondern um Zuschreibungen, um Selbstrechtfertigungen anderer. Es könnte sinnvoll und respektvoller dir selbst gegenüber sein, solche Kommunikationssituationen zu verlassen. Und nur wenn du dir selbst gegenüber respektvoll bist und bleibst, kannst du auch mit anderen respektvoll sein.

In der Regel ist es schwierig, wirklich in eine argumentierende Diskussion einzusteigen mit den Menschen, die die abwehrenden Äußerungen tätigen. Denn wenn du dich auf die Ebene der Aussagen einlässt, die getroffen werden, stimmst du damit implizit unterschiedlichen Dingen zu, die vielleicht gar nicht zu deinem Grundverständnis passen, wenn du diskriminierungskritisch sprachhandelst. Und zwar setzen die meisten abwehrenden Äußerungen voraus, dass

- Diskriminierungen individuelle und absichtliche Handlungen seien;
- Diskriminierungen ausschließlich körperliche Gewalt oder handfeste, materialisierte Effekte wie Lohnunterschiede seien;
- Sprache keine Rolle spiele für Wirklichkeitsvorstellungen;
- Sprache keine Macht habe und also auch nicht wirklich diskriminierend oder gewaltvoll sein könne;
- Sprache ein statisches, zu bewahrendes Kulturgut sei;
- die Abwehrenden natürlich nicht diskriminierend handeln sondern diese Unterstellung eine Beleidigung sei. Dieser Aspekt geht einher mit der Vorstellung, dass Diskriminie-

rungen bewusste, absichtliche Handlungen von einer Person gegen eine andere Person seien. Die Vorstellung von Diskriminierung wird hier also recht eng verstanden. Sie stimmt nicht zufällig stark mit dem überwiegenden rechtlichen Umgang mit Diskriminierung überein;

- es so etwas wie Allgemeinverständlichkeit geben müsse. Die bekannte Sprachnorm sei die einzige Möglichkeit, dies zu gewährleisten und gleichzeitig die kulturellen historischen Zeugnisse zu bewahren. Diese allgemeine Sprachnorm fällt nicht zufällig mit der Zentrierung einer *weißen*, cis-männlichen, heterosexuellen Position zusammen.

Zu all diesen Elementen findest du in Teil 2 dieses Buches ausführlichere Erklärungen.

Noch mal: Diskriminierungskritische Sprachveränderungen sind eine Frage der Haltung. Sie müssen nicht nach irgendwelchen, von außen auferlegten Logiken »richtig«, »kurz«, »grammatikalisch korrekt«, »einfach«, »leicht«, »schon immer benutzt«, »natürlich gewachsen«, für alle möglichen Wörter und Situationen geltend sein. Das Wichtige ist stattdessen: Sie drücken deine respektvolle Haltung aus – und darauf kommt es an! Und dafür ist jede sprachliche Kreativität »erlaubt«! Diese respektvolle Haltung besteht auch in deiner Offenheit für immer neue Überlegungen, ein immer größeres Verstehen, wie Diskriminierungen funktionieren und wie wichtig es ist, deinen eigenen Sprachgebrauch kontinuierlich daraufhin zu befragen. Diskriminierungskritische Sprachveränderungen müssen also weder über Zeit konstant und immer gleich sein noch müssen sie in jeder Situation gleich aussehen. Es gibt viele Faktoren, die für die jeweilige diskriminierungskritische Sprachentscheidung in einer konkreten Situation von Relevanz sein können.

Es ist wichtig zu lernen, zwischen Äußerungen zu differenzieren, die respektvoll sind und eigene diskriminierungskritische Handlungsentscheidungen stehen lassen und solchen, die ohne wirkliches Kommunikationsangebot versuchen diskriminierungskritische Sprachänderungen zu demontieren – sei es über Logiken von »gesundem Menschenverstand«, pauschale Auffassungen, die als Objektivität verpackt sind, unsachliche Bewertungen und direkte Angriffe. Letzteres sind alles Spielarten von Abwehr. Die Gründe für diese Abwehr können verschieden sein und reichen von Unsicherheit über Angst bis zu Hass. Dazu habe ich in Teil 2 unter der Frage zu Emotionen mehr geschrieben.

Generell ist es hilfreich, wenn du nicht bei der abwehrenden Äußerung an sich stehen bleibst mit deinem eigenen Nachdenken und möglichen Argumentieren. Denn dann ist es leicht, dich in den Grundannahmen des Gegenübers zu verhaken oder zu verlieren. Hilfreich kann es stattdessen sein, zu versuchen dir vorzustellen, welche Bedürfnisse und Wünsche hinter der Äußerungen stehen könnten. In einer Gesellschaft, die wenig Einübung darin hat, differenziert über Gefühle und eigene Bedürfnisse zu sprechen, werden diese häufig nicht direkt und explizit ausgedrückt. Dir vorzustellen, dass hinter jeder Äußerung auch Bedürfnisse stehen, kann dir dabei helfen, die Abwehr besser einordnen zu können und nicht an der Oberfläche der Äußerung stehenzubleiben und sich an dieser abzuarbeiten. Darüber hinaus ist es natürlich immer super, zunächst in dich selbst hineinzuspüren, bevor du ins Gegenüber hineinspürst! (Danke, Elih, für diese Ergänzung!)

Die zu Beginn jeden Abschnitts als Beispiele verwendeten Aussagen sind nur exemplarisch und können in verschiedenen Variationen vorkommen. Zwischen den einzelnen Mustern abwehrender Äußerungen gibt es zudem viele Überschneidungen. Sie sind hier nur zur besseren Verständnis in Gruppen unterteilt.

»WIE SOLL ICH MIR DAS DENN ALLES MERKEN? DAS IST MIR VIEL ZU KOMPLIZIERT, DA KANN ICH JA NUR ALLES FALSCH MACHEN!«

Hier bespreche ich die Vorstellungen, die Äußerungen zugrundeliegen, die diskriminierungskritische Sprachveränderungen als umständlich, unökonomisch, lästig, zu kompliziert, schwierig zu merken und als vieles mehr in diese Richtung darstellen. Weitere Beispiele für solche Äußerungen sind:

»Wie soll das denn bezahlt werden bitte? Wenn alle Formulare und Adressen sich jetzt ändern, weil die Straße umbenannt wird!«

»Wegen so einer kleinen Minderheit soll jetzt die ganze Sprache verändert werden?!! Ich fass es nicht, das ist ja total übertrieben!«

»Wenn ich jetzt jedes Wort überlegen soll, bevor ich spreche, sag ich lieber gar nichts mehr.«

Als erstes schlage ich dir vor dreimal tief zu atmen und nur auf deinen Atem zu achten.
Wo fließt dein Atem hin? Wo verlässt er dich? Wie fühlt sich das an?

Diese und alle weiteren kleinen Körperübungen sollen dir helfen, bei dir zu bleiben und dich in herausfordernden Situationen überhaupt erstmal selbst wahrzunehmen, um dich nicht zu verlieren und nicht zu zersplittern vielleicht. Denn genau das macht Gewalt häufig. Die verschiedenen Angebote bei den einzelnen abwehrenden Äußerungen sind austauschbar: Nimm die, die dir gut tun, auf die du Lust hast.

Hinter diesen Äußerungen höre ich ein hohes Maß an Verunsicherung, Angst, selbst (vielleicht diskriminierend) handelnd zu sein und vielleicht etwas falsch zu machen, und auch von Wut – Wut über Veränderungen, die nicht selbst bestimmt sind, die für die Äußernden anstrengend sind. Alles dies hängt damit zusammen, dass der eigene Sprachgebrauch als mindestens ›einfach so da‹ wahrgenommen wurde und wird. Vielleicht wird er sogar als neutral aufgefasst: die ganze Gesellschaft rede ja so. Durch das Ansprechen von möglichen Sprachveränderungen wird der eigene Sprachgebrauch, über den viele Menschen bis dahin noch nicht wirklich nachgedacht hatten, auf einmal zur Debatte gestellt. Das verunsichert natürlich stark. Wenn Sprache bisher als ›einfach so da‹ und stimmig, als richtig und selbstverständlich erlebt wurde, macht es natürlich Angst, darauf angesprochen zu werden, dass genau diese Sprache problematisch sein könnte. Menschen, die Sprechen und Schreiben bisher nicht als Handlung wahrgenommen haben, sind jetzt damit konfrontiert, dass dies Handlungen sind. Dass sie für ihre Handlungen verantwortlich sind und dass diese Handlungen potentiell diskriminierend sein könnten. Da Diskriminierung im deutschsprachigen Raum als ein heftiger Vorwurf verstanden wird und nicht als ein Lernangebot, und Menschen sich meist als erstmal gut oder neutral, auf jeden Fall aber nicht als diskriminierend erleben, ist ein Ansprechen von diskriminierendem Sprachgebrauch für viele, die das zu hören oder lesen bekommen, eine große Herausforderung. Sie hören dies als persönlichen Angriff – und nicht als ein Hinweisen darauf, dass alle Sprechenden im Netz struktureller Diskriminierung sich bewegen und es ein langer und nie abschließbarer Weg ist, sich das bewusst zu machen.

In einigen der Äußerungen kommt auch zum Ausdruck, dass die Veränderungen unnötig seien, da sie nur einen kleinen Prozentteil der Bevölkerung betreffen würden. Sie seien zu teuer für die Gesellschaft, da sie so viele Veränderungen von Straßenschildern, Straßenkarten, Briefköpfen und Adressen nach sich ziehen würden. Dieser Strang der abwehrenden Äußerungen argumentiert also vor allem finanziell. Dies empfinden vielleicht einzelne so. Es kann auch gut ein Versteckargument sein, um die eigene Ablehnung der diskriminierungskritischen Sprachveränderung hinter einem Argument finanzieller Verantwortung für die Gemeinschaft verbergen zu können. Gleichzeitig zeigen solche Äußerungen, dass dem Gegenüber bewusst ist, dass die Sprachveränderung etwas Grundlegendes, Größeres wäre, welches grundlegendere und größere Veränderungen nach sich ziehen würde. In *Feminism and Linguistic Theory* (London, 1998) formuliert Deborah Cameron dies so:

»The crucial aspect of language is meaning: the point of non-sexist language is not to change the forms of words for the sake of it but to change the repertoire of meanings a language conveys. It's about redefining rather than merely renaming the world.«

Gemeinsam ist allen abwehrenden Äußerungen hier, dass sie mit einem Zuviel argumentieren: zu teuer, zu anstrengend, zu umständlich. Tendenziell opferisieren sich die abwehrend äußernden Personen oder sie meinen, durch ihr Handeln Verantwortung für die Gesellschaft zu übernehmen, die so vor unnötigen Kosten und übertriebenen Veränderungen geschützt würde. Damit ignorieren sie die soziale Verantwortung, die Menschen übernehmen, die für eine diskriminierungsfreie Sprache eintreten. Es findet hier also eine Umdrehung von Tät*erinnen und Opfern statt – ein gängiges Muster, wenn es um den Umgang mit Diskriminierungen geht in der Gesellschaft.

Es gibt sehr viele soziologische, historische und politikwissenschaftliche Studien, die zu dem Schluss kommen, dass Gewalt von einer breiten Basis unten nach oben hin spitz zuläuft und im Extrem in Genoziden gipfelt. Die Basis dieser Gewaltpyramide, wie sie häufig dargestellt wird, sind sprachliche Äußerungen, die Menschen zu sozialen Gruppen zusammenfassen und diese negativ bewerten. Sprachlich diskriminierende Äußerungen sind also keine Kleinigkeiten, sondern die Basis für weitere unterschiedliche Gewaltformen und -exzesse, die genau auf diesen sprachlichen Handlungen aufbauen. Am einfachsten und nachhaltigsten ist es also, genau hier auch mit den Veränderungen zu beginnen, wo die Gewalt beginnt: in den sprachlichen Äußerungen.

Was ist noch dazu zu sagen?
Alle Eigenschaften die nach dem »zu« aufgeführt werden, sind Bewertungen. Bewertungen beziehen sich immer auf eine Norm. Die ist hier in der Regel nicht ausgedrückt. An alle diese Äußerungen kannst du zunächst die Frage stellen:

Für welche Menschen und welche Gruppen ist die diskriminierungskritische Sprachveränderung zu viel/teuer/lästig/umständlich?

Die Norm, die hier machtvoll und ohne sie zu benennen aufgerufen wird, sind die Sprachhaltungen privilegierter Gruppen in der Gesellschaft. Da diese sich überall gemeint fühlen und angesprochen sind, da sie sich als allgemeinmenschlich und nicht als eine spezielle Gruppe verstehen, sind ihnen die diskriminierungskritischen Sprachveränderungen ganz einfach zu viel. Nicht die Sprachveränderungen sind lästig – den Äußernden ist es zu lästig, das eigene Sprechen und Schreiben zu ändern. Und somit auch ihr Selbstverständnis als allgemeinmenschlich, immer gemeint, als Norm und als Zentrum zu verändern. Denn ein Anerkenntnis, dass diskriminierungskritische Sprachveränderungen Sinn machen, würde notwendigerweise in ihren eigenen Alltag eingreifen: in ihr eigenes Sprechen und Schreiben. Ein Anerkenntnis diskriminierungskritischer Sprachkritik würde sich also auf ihr eigenes Sprachverhalten auswirken müssen, würden sie das Anerkenntnis ernst meinen. Es geht also viel weniger darum, dass diese Veränderungen per se zu viel und zu lästig und zu umständlich sind, sondern die Sprechenden drücken hier recht konkret ihre eigene Abwehr aus: Ihnen ist es zu lästig. Ihnen ist es zu umständlich. Diese Abwehr mag in einer großen Bequemlichkeit begründet sein – eine Bequemlichkeit, die sich nur umfassend privilegierte Menschen in dem Umfang leisten können. Wenn Diskriminierte diskriminierungskritische Sprachveränderungen zu lästig oder unnötig finden, dann kann dies mit einer tatsächlichen oder gewünschten Nähe zu oder gewünschten Akzeptanz von privilegierten Gruppen zusammenhängen und/oder mit dem Wunsch, sich nicht mit den eigenen Diskriminierungserfahrungen auseinandersetzen zu müssen. Eine abwehrende Argumentation entlarvt also letztendlich, dass die Personen, die sich so äußern, in ihrer vertrauten Bubble, Vorstellungswelt und Bequemlichkeit bleiben wollen oder dass sie Teil einer machtvollen, privilegierten Gruppe sind oder von dieser anerkannt sein möchten. Oder schlicht nicht auffallen wollen, nicht nachdenken wollen, nicht Stellung beziehen wollen, keine Sprachhaltung zeigen wollen – das alles bewusst oder unbewusst. Dies geht häufig einher mit einer Argumentation, dass Sprache doch sowieso nicht so wichtig sei und sich erstmal die Wirklichkeit ändern müsse, dann käme Sprache schon hinterher.

An alle Argumentationen, die mit Bewertungen arbeiten, lässt sich also innerlich zumindest die Frage stellen:

> Für welche Person oder welche Personengruppen ist diese diskriminierungskritische Sprachveränderung zu viel, zu teuer, zu lästig ...? Und für welche Menschen ist diese Sprachveränderung eine Möglichkeit, anwesend zu sein in Kommunikationen und in der Gesellschaft, sich an-

gesprochen zu fühlen, gemeint zu sein, beachtet zu werden, Respekt und eine wertschätzende Wahrnehmung zu erfahren.

Sprachhaltung zu zeigen für (Teil-)Privilegierte kann also bedeuten, über die eigene Bequemlichkeit hinauszugehen und sich mit der Diskriminierung anderer zu verbinden und eine andere Welt, andere Äußerungen, andere Kommunikationsformen zu wollen. Das würde eine eigene Offenheit ermöglichen, Neugier und eine Wertschätzung in der Kommunikation schaffen, die es anderen, Diskriminierten, ermöglicht anwesend zu sein, sich zu öffnen und sich in der Kommunikation wohl zu fühlen. Dies lästig oder umständlich zu finden verstärkt die Diskriminierung nur noch mal und macht deutlich, dass eine Veränderung der diskriminierenden Verhältnisse nicht ein wichtiges Anliegen für die sich-so-Äußernden ist.

Für mich drückt sich dies in einem Zitat von Audre Lorde in »The Transformation of Silence into Language and Action« aus:

»Each of us is here now because we share in one way or another a committment to language and the power of language, and to the reclaiming of the language which has been used to work against us. In the transformation of silence into language and action, it is vitally necessary for each one of us to establish or examine their function in that transformation and to recognize their role as vital within that transformation. [...]

And it is never without fear – of visibility, of the harsh light of scrutiny, and perhaps judgement, of pain, of death. But we have lived through all those already, in silence, except death. And I remind myself all the time now that if I were to have been born mute or had maintained an oath of silence, my whole life long for safety, I would still have suffered and I would still die. It is very good for establishing perspective.«

Ein weiteres wichtiges Argument in diesen Äußerungen ist die Annahme, dass Sprachgebrauch richtig oder falsch sein könne. Eine solche Bewertung bezieht sich auf eine Norm, in der Sprache ein starres Regelsystem ist und nicht eine Ressource, die kreativ bestmöglich zu nutzen ist, um sich respektvoll auszudrücken und differenzierte Wahrnehmungen von Identitäten und Diskriminierungsverhältnissen kommunikativ zu vermitteln.

> Es geht also nicht darum, etwas richtig zu machen im Sinne von ›grammatikalisch richtig‹, immer ›fehlerfrei‹ zu sprechen – es geht vielmehr um die eigene innere Haltung, respektvoll und diskriminierungsfrei kommunizieren zu wollen. Die Frage ist also nicht: ›Darf‹ ich das sagen? Oder: Wie ›muss‹ ich das sagen, damit es korrekt, okay, richtig ist? Eine leitende Frage beim Schreiben und Sprechen könnte stattdessen sein: Will ich etwas sagen? Und wie will ich etwas sagen oder schreiben?

Mögliche Gesprächsangebote:

»Magst du hören, warum es mir wichtig ist, so zu sprechen und auf eine bestimmte Weise angesprochen zu werden/bestimmte Ausdrücke nicht zu hören?«

»Ich möchte gerne mit dir teilen, was es mit mir macht, die Möglichkeit entdeckt zu haben, nicht immer Angst vor sprachlichen Diskriminierungen zu haben/Sprache als Handlung zu begreifen und dadurch zu verstehen, wie grundlegend wir alle an diskriminierenden Strukturen mitarbeiten durch unseren Sprachgebrauch. Das ist mir ein wichtiges Thema. Hast du Lust, dazu was zu hören?«

»Für mich ist es umständlich, verletzend, beschädigend und letztendlich auch teuer, wenn ich an meine persönlichen Ressourcen denke, einer diskriminierenden Sprache ausgesetzt zu sein. Mir ist es wichtig, das mit dir zu teilen, ich teile da etwas Großes und Persönliches mit dir. Ich erlebe, wie stark sprachliche Handlungen mich diskriminieren. Das ist kein Beiwerk oder egal, sondern der Schlüssel zu einer gewalt- oder respektvollen Kommunikation.«

»Als in Bezug auf diese Diskriminierungsform privilegierte Person kann ich mit dir teilen, dass es für mich ungewohnt und herausfordernd, aber in keiner Weise umständlich gewesen ist, meinen Sprachgebrauch zu verändern. Ganz im Gegenteil! Ich kann so erleben, wie ich aktiv zu respektvollen Kommunikationen beitragen kann und habe heute dadurch ganz andere Gespräche.«

»SPRACHVERÄNDERUNGEN VORZUSCHREIBEN UND MENSCHEN ZU ZWINGEN, BESTIMMTE BEGRIFFE NICHT MEHR ZU BENUTZEN ODER MIT STERNCHEN ZU SCHREIBEN, IST SPRACHDIKTATUR UND GREIFT IN DIE MEINUNGSFREIHEIT EIN.«

Die abwehrenden Äußerungen, die ich hier bespreche, interpretieren diskriminierungskritische Sprachveränderungen als Eingriff in die persönliche Freiheit des Sprechens oder Schreibens. Weitere entsprechende Äußerungen sind:

»Das ist doch alles nur politisch korrekter Quatsch.«
»Typisch Sprachpolizei!«
»Willst du mir jetzt vorschreiben, wie ich zu schreiben habe?«
»Ich lass mir meine Sprache und meine Meinung nicht verbieten!«

★ **Ich lade dich ein, diesen Äußerungen zunächst mit einer Körper- und Wahrnehmungsübung zu begegnen: Atme dreimal tief ein und aus. Frage dich dann: Was macht es mit mir diese abwehrenden Äußerungen zu lesen/zu hören? Was spüre ich, atmend, dazu? Schließ deine Augen und beobachte deinen Atem. Wie weit geht dein Atem, wo spürst du ihn besonders deutlich? Spüre alles und lass die Äußerungen durch die fließen – sie gehören nicht zu dir. Nimm sie wahr und gib sie atmend wieder ab.**

In allen diesen abwehrenden Äußerungen wird vorausgesetzt, dass diskriminierungskritische Sprachveränderungen Vorschriften und Verbote sind. Menschen, die sich so äußern, fühlen sich durch Sprachveränderungen in ihrer Handlungsfreiheit beschnitten und haben das Gefühl, Verhaltensweisen auferlegt zu bekommen, die sie nicht selbst gewählt haben. Es wird auf die Vorstellung gepocht, dass jegliches Ansprechen von diskriminierender Sprache Zensur sei und einer demokratischen freiheitlichen Grundordnung zuwiderlaufe.

Ohne also sich weitergehend mit dem Inhalt zu beschäftigen, einer sprachlichen Diskriminierungskritik, wird in diesen abwehrenden Äußerungen allein die Form angesprochen, die problematisch sei: Vorschriften zu erteilen. Diese Argumentation wirkt häufig paradox, denn genau dieselben Personen bezeichnen diskriminierungskritische Sprachveränderungen häufig als grammatikalisch oder orthografisch falsch, pochen auf einem statisches Sprachverständnis und Rechtschreibe- und Grammatikregeln, die einzuhalten seien und darauf, solche Sprachveränderungen abzulehnen. Dies kommt Vorschriften sehr nahe. Gleichzeitig wird also von den sich abwehrend äußernden Personen eine hohe Normhörigkeit in Bezug auf Sprache und ihre Regelungen vertreten. Auch in diesen abwehrenden Äußerungen zeigt sich eine Argumentationsumkehr, die häufig in einer Kritik an Diskriminierungskritik zu finden ist: Diskriminierungskritische Sprachveränderungen werden als dogmatisch, verbotsmäßig und fehlerhaft dargestellt – dabei bringen diese abwehrenden Äußerungen genau das selbst zum Ausdruck: Diskriminierungskritische Sprachveränderungen sollten verboten werden, seien per se problematisch (dogmatischer Standpunkt), und Sprache habe korrekt zu sein – nach Regeln, denen zu gehorchen sei.

Was ist noch dazu zu sagen?

Diese Äußerungsmuster sind umso interessanter, als dass es im deutschen Sprachraum mit der Ausnahme von Holocaustleugnung und Beamt*innen-Beleidigungen keine Verbote von sprachlichen Ausdrucksweisen gibt. Es handelt sich bei diesen Äußerungen also vor allem um phantasmatische Ängste. Sie sind dadurch genährt, dass es öffentliche Diskussionen dazu gibt, wie etwas diskriminierungsfrei formuliert werden kann. Gerade Institutionen, die viel mit Sprache arbeiten, wie die verschiedensten Selbstvertretungsorganisationen, aber auch Hochschulen und öffentliche Verwaltungen haben daher in Arbeitsgruppen Leitfäden und Handreichungen zu möglichen diskriminierungskritischen Sprachveränderungen erarbeitet. Diese sind jedoch nicht auf der Ebene von Verboten oder Vorschriften. Auch alle Handreichungen, die Medien sich geben, sind Vorschläge und Richtlinien eines diskriminierungskritischen Handelns. Dies allein kann natürlich stark verunsichernd sein für Menschen, die dadurch und damit das Gefühl haben, dass der eigene Sprachgebrauch nicht mehr normal oder neutral ist, sondern auffällig und anders als das, was in Zeitungen zu lesen und in der Tagesschau zu hören ist. Es handelt sich hier also um die Herausforderung, vor die Menschen gestellt sind, die privilegiert sind und/oder einen Sprachgebrauch verwenden, der privilegierte Normen weiter verfestigt. Sie sind herausgefordert davon, wenn dieser Sprachgebrauch auf einmal nicht mehr normal, neutral und von allen geteilt wird, sondern zur Debatte steht. Menschen, die diskriminierende Sprache ansprechen, als Sprachpolizei zu bezeichnen macht keine Aussage über diese aktivistischen Kommunikationsversuche, sondern ist Ausdruck einer Angst vor Veränderung und eines Empfindens von Bedrohung und Überwachung von denjenigen, die hier das Bild einer Polizei als Instanz verwenden. Ein Bild wie Polizei hier zu benutzen, sagt viel über die inneren Strukturen der Personen aus, die sich so äußern – nichts aber über den Sprachaktivismus. Alle diese abwehrenden Äußerungen sind also Ausdruck einer Verunsicherung in Bezug auf geltende Normen. Sie drücken den Wunsch nach einem Festhalten an bisherigen Sprachnormen aus. Sie sind so eine Abwehr eines eigenen Nachdenkens und eines Selbst-Verantwortung-Übernehmens und rufen stattdessen eine Logik von Ver- und Geboten auf. Eine soziale Angst als Angriff auf die Meinungsfreiheit zu überspitzen führt dazu, sich nicht mit Sachargumenten – mit der Frage von Diskriminierung und wie diese verändert werden könnte – auseinanderzusetzen, sondern sich an einer äußeren formalen Vorstellung abzuarbeiten, der zudem jeglicher Realitätsbezug fehlt.

Letztendlich zeigen solche Äußerungen auch, wie schwierig es ist für viele Menschen, sich mit eigenen Handlungsmöglichkeiten und einer eigenen sozialen Verantwortung zu beschäftigen. Es zeigt, wie stark viele diese Angebote etwas zu Teilen, zum Nachdenken und Mitmachen als vernichtende Kritik verstehen. Auch wenn Diskriminierung eine umfassende Struktur ist und nicht primär eine intentionale Handlung von Einzelnen, eröffnet ein individuell veränderter Sprachgebrauch eine Möglichkeit, nicht länger an diskriminierenden Strukturen teilhaftig zu sein, sondern sich aktiv gegen Diskriminierung zu wenden.

Die in diesen Äußerungen auch häufig zum Ausdruck gebrachte Vorstellung, dass diskriminierungskritische Sprachveränderungsvorschläge ein Eingriff in die Meinungsfreiheit seien, differenziert nicht zwischen Meinung und Gewalt. Diese Differenzierung halte ich für sehr wichtig, um einen konstruktiven Umgang mit Sprachgewalt zu finden. Diskriminierende Begriffe trotz besseren Wissens und eines Darauf-angesprochen-Seins weiter zu verwenden, drückt Respektlosigkeit aus und ist damit ein Baustein der Aufrechterhaltung diskriminierender Strukturen. Diese haben, mit dem Bild der Gewaltpyramide gesprochen, sprachliche Gewalt als Grundlage. Auf dieser Grundlage bauen weitere Gewaltformen wie körperliche und emotionale Gewalt auf. Die Basis dieser massivsten strukturellen Gewalteinwirkungen, die in Genoziden, Femiziden und Ökoziden gipfeln, ist immer eine über sprachliche Handlungen aufgerufene, weiter verfestigte und normalisierte Gewalt. Diese Basis also von unten, in deinen eigenen Alltagshandlungen infrage zu stellen, zum Zerbröseln zu bringen durch eine Veränderung des eigenen Sprachhandelns ist ein wichtiges Moment der Veränderung einer Gesellschaft hin zu einer umfassenden Gewaltfreiheit. Vielleicht also macht genau das auch Angst: selbst durch den unveränderten Sprachgebrauch teilhaftig zu sein an der Struktur von Diskriminierung. Gepaart ist dies häufig mit einer Verunsicherung dazu, vielleicht etwas ›falsch‹ zu machen – ein Reflex, der auf das eigene Sprachverständnis von einer ›richtigen Sprache‹ zurückgeht.

★ **Noch mal durchatmen. Dich noch mal spüren.**

Mögliche Gesprächsangebote:

»Ich höre, dass du dich eingeschränkt fühlst in deiner Möglichkeit dich zu äußern. Das stelle ich mir anstrengend und verunsichernd vor. Magst du hören, was diskriminierungskritische Sprachvorschläge für mich sind/was sie mir eröffnen/was sie mir bedeuten?«

»Ich verstehe, dass du vielleicht Angst hast, etwas falsch zu machen, etwas Falsches zu sagen. Ich hab das Gefühl, dass diskriminierungskritisches Sprechen ein lebenslanges, unabschließbares Projekt ist. Diskriminierungen sind so tiefgehend und so stark verankert in der Struktur unserer Gesellschaft, dass sie sich auch in den Sprachkonventionen, in denen wir leben, ausdrücken. Das zu verändern finde ich auch ganz schön groß. Gleichzeitig freue ich mich, so ein einfaches, alltägliches Mittel zu haben, selbst aktiv zu werden und diese Gesellschaft so zu gestalten, dass sie möglichst diskriminierungsfrei ist.«

»ERST SOLL SICH MAL DIE WIRKLICHKEIT VERÄNDERN, DANN KOMMT DIE SPRACHE SCHON HINTERHER.«

Hier geht es um Äußerungen, die Sprache als konträr zu Handlungen herstellen bzw. die Sprache als nachgeordnete Instanz zu Wirklichkeit auffassen. Vergleichbare Äußerungen wären:
»Erst Taten, dann Worte!«
»Dieses ganze Reden über Sprache lenkt doch nur von den wirklichen Problemen ab.«

»Frauen kriegen noch immer weniger Lohn, Schwarze Menschen werden noch immer rassistisch diskriminiert – da helfen die ganzen Sprachveränderungen gar nichts!«

★ **Welches Gefühl nimmst du gerade in dir wahr? Sind es mehrere Gefühle? Welches Gefühl ist am stärksten gerade? Verzweiflung, Angst, Trauer, Wut, Resignation …? Spüre hin – wo sitzt dieses Gefühl in dir? Hat es eine Farbe? Hat es eine bestimmte Qualität? Kannst du es umarmen? Kannst du ihm was geben atmend?**
Am Ende dieser Übung: Atme noch dreimal tief ein und aus und komme zurück zu diesem Text.

In diesen Äußerungen wird zwischen Sprache und ›wirklichen‹ Handlungen unterschieden. Das macht Sprache zu einem Abbildungsmedium. Sprache ist hier also keine Handlung, sondern lediglich ein Spiegel von Verhältnissen und Wirklichkeiten. Dass Worte eine Wirkung haben, dass Worte Wirklichkeitsvorstellungen bestimmen, wird hier geleugnet. Sprache wird als nicht wichtig, als nicht relevant für soziale Veränderungen eingestuft. Dies ist in der Regel eine paradoxe Argumentation, denn dann wäre es auch unnötig, sich über angedachte diskriminierungskritische Sprachveränderungen aufzuregen oder sich überhaupt damit zu beschäftigen. Dann könnten diejenigen, die solche Veränderungen ablehnen, die Diskussionen einfach an sich vorbeiziehen lassen und im besten Falle an den von ihnen als wichtiger erachteten anderen Veränderungen arbeiten.

Dies jedoch ist eher selten der Fall. Dadurch wird wiederum deutlich, dass es sich hier nur vordergründig um eine Äußerung dazu handelt, die möglichst beste und effizienteste Strategie gegen Diskriminierung zu priorisieren.

Was ist dazu zu sagen?

Häufig wird dir vielleicht implizit oder explizit vorgeworfen, dass du dich lediglich um Sprachveränderungen bemühen würdest und der ganze soziale Rest und alle anderen Diskriminierungsmittel dir egal sei. Ich persönlich kenne keine Person, bei der das der Fall ist. Ganz im Gegenteil ist eine diskriminierungskritische Sprachpolitik von einem umfassenden Interventionsverständnis getragen. Sprachliche Veränderungen gehören aber in jedem Fall zu der notwendigen sozialen Veränderung dazu. Das zeigt sich alleine schon darin, dass auch Gesetze, also höchst normative, staatlich autorisierte Texte, kontinuierlich in ihrem Wortlaut überprüft und verändert werden, um u. a. nicht selbst zu diskriminieren.

Nur Menschen, die umfassend privilegiert sind, können die konventionellen Sprachentscheidungen, die eine Gesellschaft trifft und in Lexika, Wörterbüchern und Grammatiken festschreibt, als natürlich, neutral und für alle gültig auffassen. Und Menschen, die diskriminiert werden und eine solche Strategie zum Überleben in gewaltvollen Verhältnissen gewählt haben. Umso weniger bestimmte Sprachhandlungen hinterfragt werden, umso stärker schreiben sich soziale Normen in sie ein. Sprachveränderungen sind also ein ganz grundlegendes und ganz grundlegend wichtiges Mittel gesellschaftlichen Wandels hin zu Diskriminierungsfreiheit. Alle Personen, die diskriminiert werden, egal ob über BeHindert-Werden, Rasssismus oder über genderbezogene Diskriminierungen, und sich damit aktivistisch beschäftigen, wissen um die Macht der Worte. Nur durch ein verändertes Sprachhandeln sind veränderte Wirklichkeiten vorstellbar. Nur mit einer differenzierten und genauen Sprache ist eine genaue und differenzierte Analyse von Diskriminierungsverhältnissen möglich. Dass es ein öffentliches Bewusstsein dazu gibt, dass Sprache eine diskriminierende Wirkung haben kann, zeigt sich nicht zuletzt auch in fortdauernden Hate-Speech-Debatten, in der Frage von Netiquetten im Gebrauch sozialer Medien und in dem strafrechtlichen Umgang mit der sprachlichen Benennungen von Polizistens durch beispielsweise Demonstrierende. Über sprachliche Benennungen werden Wirklichkeiten auf eine bestimmte Weise hergestellt und dadurch Vorstellungen geprägt. So macht es einen großen Unterschied, ob Menschen, die sich dafür einsetzen, dass andere aus repressiven Staaten fliehen können, als Fluchthelfens bezeichnet werden – wie es heute für Personen, die von Antisemitismus betroffenen Menschen in Zeiten nationalsozialistischer Herrschaft in Deutschland zur Flucht verholfen haben, der Fall ist – oder ob sie als Schleppens bezeichnet werden. Letztere Begrifflichkeit wird heute undifferenziert auf Menschen angewendet, die anderen die Flucht über das Mittelmeer ermöglichen bzw. diese retten.

Unterschiedliche Begrifflichkeiten führen zu unterschiedlichen gesellschaftlichen Bewertungen. Dadurch entstehen unterschiedliche Einschätzungen einer Situation. Es gibt keine objektiven, neutralen Beobachtungen einer Situation, die dann objektiv und neutral gewortet werden könnten. So macht es einen Unterschied, ob eine Situation so oder so umschrieben wird:

»38-Jährige gestern Nacht auf der Sonthumer Straße ausgeraubt. Tät:erinnen entkamen.«

»Auf dem Straßenstrich Sonthumer Straße kam es zu einer dort häufig anzutreffenden Auseinandersetzung, bei der eine Prostituierte laut eigener Angabe ausgeraubt worden sei. Die mutmaßlichen Täter waren nicht festzustellen.«

»Die Polizei hat gestern die Personalien einer Frau aus Benin aufgenommen, die ohne Aufenthaltserlaubnis in Deutschland auf dem Straßenstrich Sonthumer Straße ihrem Gewerbe nachging. Sie behauptete, von zwei Freiern ausgeraubt worden zu sein. Dafür fehlen Beweise und Zeugen. Gegen die Frau wird wegen Verstoßes gegen das Asylgesetz ermittelt.«

»Auf der Sonthumer Straße wurde gestern eine Person ausgeraubt. Die tatausübenden Personen entkamen. Ein sexistisches oder rassistisches Motiv für die Tat kann derzeit nicht ausgeschlossen werden. Der Tatort ist für rassistisch-sexistische Gewalt bekannt.«

In allen diesen unterschiedlichen fiktiven medialen Kurznachrichten wird eine unterschiedliche Perspektive eingenommen. In den kategorisierenden Benennungen, die für Menschen verwendet werden, liegen jeweils implizite Begründungsangebote für eine konkrete Situation. Während die eine Person unterschiedlich nach Alter, Profession, Aufenthaltsstatus bezeichnet wird, werden andere Beteiligte (die Tätens, die Polizei) als anonyme Gruppe benannt. In allen

Äußerungen wird die Handlungsfähigkeit zudem unterschiedlich verortet.

Dieses kleine Beispiel zeigt:

> **Es macht einen immensen Unterschied, wie etwas ausgedrückt wird, welche Position und Perspektive zu einer Situation eingenommen wird, welche Bewertungen subtil, direkt oder indirekt in die Umschreibung einfließen und welches Bild von Ursachen und Effekten, Ordnung und Bedrohung in diesem konkreten Fall daraus entsteht.**

Dies alles läuft nicht bewusst ab, wenn du einen Zeitungsartikel liest, sondern wird auf einer unbewussten Ebene zu einem Bild der Situation und darüber hinausgehend der Welt zusammengesetzt. Auf diese Weise werden kollektive Einschätzungen geprägt und verfestigt.

Worte lenken deine Aufmerksamkeit auf bestimmte Themen – und lenken sie von anderen möglichen Fragen und Szenarien weg. Personen, die diskriminiert werden, nicht einfach nur »mitzumeinen«, sondern direkt anzusprechen oder Privilegien explizit als solche zu benennen, kann dazu führen, anders über deine eigenen Wahrnehmungen nachzudenken und zu neuen und differenzierteren Einschätzungen zu kommen. Eine Abwehr gegen diskriminierungskritische Sprachveränderungen versucht die immense Wirkung, die genau diese Sprachveränderungen hätten, herunterzuspielen, um einen Status Quo beizubehalten, der bestimmten Personengruppen ein privilegiertes Leben ermöglicht, indem sie weitgehend über allgemeinverbindliche, als neutral erklärte Deutungsmacht verfügen. Dies zu verändern würde zu einer Auffächerung von Perspektiven und Wahrnehmungen führen und ist genau deshalb etwas, was Macht- und die Verhältnisse erhaltend verhindert werden soll.

Argumentationen, die die Macht von Sprachhandlungen kleinreden, infrage stellen und herunterspielen, versuchen also letztendlich nur, genau diese große, die Verhältnisse transformierende Macht, die in differenziertem diskriminierungskritischen Sprechen und Schreiben liegt, zu verhindern. Ohne sprachliche Veränderungen – der Benennungen der Fragen, die gestellt werden, der Aufmerksamkeit dazu, was wie benannt und wie bewertet wird – gibt es keine umfassende soziale Veränderung. Sprache ist ein alltäglich immer anwendbarer Hebel, um mit diesen Veränderungen zu beginnen. Stellen mehr Menschen kritische Fragen, drücken sich differenziert und nicht pauschal aus, benennen ihre eigene Position in Bezug auf Diskriminierungen, werden sich auch andere Teile der sozialen Wirklichkeit damit verändern. Denn durch veränderte Wahrnehmungen, eine differenzierte Ausdrucksweise in der Kommunikation, beginnen auch andere Menschen differenzierter wahrzunehmen und die eigene Wirklichkeitsvorstellung neu zu hinterfragen.

Mögliche Gesprächsangebote:

»Magst du hören, was diskriminierungskritische Sprachveränderungen für mich bedeuten, was sie mit mir machen?«

»Ich würde gerne mit dir teilen, wie das für mich ist. Durch neue Benennungsformen fühle ich mich angesprochen/habe ich das Gefühl, anwesend sein zu können/fühle ich mich nicht länger nur nach Äußerem beurteilt/fühle ich mich wertgeschätzt. Und das alleine kommt mir schon wie eine unglaublich große Handlung und Veränderung von Wirklichkeit vor. Aber nur dadurch bin ich auch in der Lage, andere Sachen selbstbewusster und anwesender zu machen. Worte sind für mich also immense Taten.«

»Ich als privilegierte Person habe gemerkt, dass ich dadurch, dass ich meinen Sprachgebrauch verändert habe, auch die Wirklichkeit auf einmal anders wahrgenommen habe – und also angefangen habe, Diskriminierungen sehr viel mehr wahrzunehmen. Nur durch einen veränderten Sprachgebrauch, den ich von Diskriminierten erlernt habe, konnte ich anfangen meine Handlungen und meine Wahrnehmungen zu überprüfen.«

»DIESE SPRACHE IST UNSERE KULTUR, DIE KANN NICHT EINFACH SO VERÄNDERT WERDEN!«

Hier bespreche ich Äußerungen, die Werteverfall als bedrohlich und Kultur als per se gut und erhaltenswert propagieren und auf dieser Grundlage diskriminierungskritische Sprachveränderungen ablehnen. Weitere entsprechende Äußerungen sind:

»Eine solche Sprachveränderung ist ein unzulässiger Eingriff in literarische Klassiker!«

»Ich bin stolz auf meine Kultur, das Land der Dichter und Denker. Das nimmt den Texten ihre Schönheit.«

»Deutsch ist eine Kultursprache. Diese Veränderungen mit Sonderzeichen sind eine Verhunzung dieser wunderschönen Sprache.«

★ **Hier zunächst eine Körperübung für dich:**

Beginne mit deiner Wahrnehmung zum Beispiel unter deiner Fußsohle oder an deiner Handfläche. Dann gehe in deiner Wahrnehmung das Bein nach oben bis zum Po, oder den Arm entlang über die Schulter zum Nacken, oder vielleicht nach unten zur Hüfte. Wechsle dort auf die andere Körperseite und gehe von dort hinab bis zur (anderen) Fußsohle, oder du gehst

hinauf oder hinüber bis zur (anderen) Handfläche. Dann verbinde deine Wahrnehmung zwischen beiden Gliedmaßen.

Mache das dreimal.

Dann spüre nach, wie du in Welt bist, wie deine Haltung ist. Wo du aufrecht, schmerzfrei dich spüren kannst. Spüre dem nach, was sich gut anfühlt.

Dann mache die Übung noch dreimal und kehre zum Text zurück.

In diesen Äußerungen geht es jeweils um Vorstellungen von Kultur, die zum einen aus sich heraus gut und schön sei und zum anderen unveränderbar sein solle oder müsse. Kultur wird hier in bestimmten Sprach- und Ausdrucksformen wiedergefunden und/oder an diesen festgemacht. Kultur an sich wird in diesen Äußerungen als ein hoher Wert, ein Ideal angenommen. Es findet eine Idealisierung einer in der Regel früheren Zeit, die in dieser Wahrnehmung kulturell höherstehend gewesen sei, statt. Sprachliche Veränderungen werden von Menschen, die solche Argumente vorbringen, in der Regel insgesamt als problematisch oder herausfordernd erlebt. Die so verstandene Kultur, häufig auch als Klassiker bezeichnet, ist ein statischer Kanon, der keine Veränderung erfahren darf.

Was ist noch dazu zu sagen?

Kultur hat hier einen hohen Wert als Identifikation für die Sich-so-Äußernden. Ein Teil dieser Identifikation ist in der an- und wahrgenommenen relativen Konstanz dieser Kultur begründet, in ihrer Gleichförmigkeit und Unveränderbarkeit. Die Bezugnahmen auf Kultur sind vor allem auf die Vergangenheit gerichtet. Die Identifikation findet also vor allem mit einer Vergangenheit statt, die als eine kulturell ›reine‹ Zeit imaginiert und im Reden so hergestellt wird. Das erscheint mir vor dem Hintergrund der Zeit des Kolonialismus und des Nationalsozialismus mit den von Deutschland ausgehenden Genoziden absurd, paradox und ignorant, Gewalt klein redend oder sogar Gewalt normalisierend und verherrlichend. Mir fällt es schwer, wenn Menschen Deutschland als Land der Dichter und Denker (in männlicher Form natürlich) bezeichnen in einer Zeitperiode nach zwei von Deutschland initiierten Angriffs-Weltkriegen. Das Einzige, was für mich positiv sein könnte an einem kulturellen Erbe wäre seine Dynamik, seine Selbstkritik und seine damit verbundene Veränderbarkeit, die sich dann auch in entsprechenden diskriminierungskritischen Sprachhandlungen ausdrücken würde. Kulturelle Werke also mit und durch diese selbstkritische Reflexion zu verändern, wäre für mich genau Ausdruck einer Kultur, mit der ich mich positiv verbinden würde: eine Kultur, die Verantwortung übernimmt, die Privilegien reflektiert und in verantwortliches Handeln übersetzt und die um transformative Gerechtigkeit bemüht ist. Diskriminierungskritisch veränderte Sprachformen, auch in literarischen Werken früherer Zeiten könnte genau dies umsetzen und bewirken. Es wäre möglich, in Begleittexten und Nachworten auf die rassistischen und sexistischen Muster in den Primärtexten hinzuweisen und zu erklären, warum eine Veränderung wichtig ist und Ausdruck einer kritischen Auseinandersetzung mit dem eigenen kulturellen Erbe. Denn letztendlich: Wie kann ich mich identifizieren in einer positiven Weise mit einer Kultur, die über Jahrhunderte geprägt ist von Rassismus und Sexismus/Genderismus? Was bedeutet es also, wenn Menschen sich positiv auf eine solche Kultur beziehen? Diese Form abwehrender Äußerung ist nah an Äußerungen, die ein Fehlen von Ästhetik und Schönheit in diskriminierungskritischen Sprachveränderungen beklagen.

Kultur wird hier als ein unveränderliches, statisches Gut verstanden und nicht als etwas, was sich dynamisch immer weiter entwickelt. Wenn Menschen festhalten an einer vergangenen Kultur als eigene Identität, so geht damit häufig auch ein Ignorieren gewaltvoller gesellschaftlicher Verhältnisse einher, in der diese Kulturgüter entstanden sind und die sie teilweise auch reproduzieren. Gleichzeitig werden dabei auch konstante kulturelle Veränderungen und widerständige Handlungen historisch ausgeblendet, weggeredet, totgeschwiegen. Das, was heute als »deutsche Kultur« angeführt oder sogar gefeiert wird, basiert auf patriarchalen und rassistischen, häufig kolonialistischen gesellschaftlichen Verhältnissen. Das Fehlen vieler allein schon *weißer* weiblicher Vorbilder als Autorinnen, Komponistinnen, bildender Künstlerinnen aus früheren Jahrhunderten ist kein Beweis dafür, dass *weiße* Cis-Männer die besseren kulturell Tätigen wären, sondern spiegelt sexistische Ausschlussmechanismen, Bildungsverunmöglichungen und ästhetische Bewertungen wider. Diese finden ihren Niederschlag u. a. im widerständigen Publizieren unter männlichen Pseudonymen. Ein Festhalten an einer statisch gedachten Kultur ist also immer auch ein Festhalten an diesen strukturellen Diskriminierungsverhältnissen mitsamt ihren Bewertungen.

Mögliches Gesprächsangebot:

»Ich würde gerne mit dir teilen, wie ich Kultur erlebe, was Kultur für mich bedeutet. Kultur besteht für mich vor allem aus Respekt, aus Offenheit, dem Wunsch nach Veränderung. Ich finde es wichtig, ältere Bücher, Musikstücke und Gemälde immer auch kulturhistorisch zu kontextualisieren – und da spielen patriarchale Normen und kolonialistische Weltbilder eine große Rolle. Hast du Lust, dass wir uns das in Bezug auf einige sogenannte Klassiker mal anschauen und überlegen, was es für sie heißt – und ihre fortdauernde Rezeption?«

»DAS IST FALSCH. SO KANNST DU DAS NICHT SAGEN. DAS STEHT SO NICHT IN DER GRAMMATIK.«

In diesem Absatz bespreche ich Äußerungen, die von falschem und richtigem, korrektem Sprechen ausgehen und dies auf Äußerungen und diskriminierungskritische Sprachveränderungen anwenden. Weitere entsprechende Äußerungen sind:
»Schwarz darf da nicht groß geschrieben werden, das widerspricht der Grammatik!«
»Sternchen in einem Wort sind grammatikalisch falsch, das ist ein Fehler in einer Klausur!«
»Ich hab Angst, dass ich was Falsches sage und das nicht richtig kann mit der diskriminierungskritischen Sprache.«

Körperübung

Stell dir vor, du könntest dich in deiner ganz eigenen Form äußern – malend, singend, tanzend, mit neuen Worten … – und es würde begrüßt werden von allen. Alle hätten großes Interesse an deiner Ausdrucksform und würden dich feiern und so akzeptieren.

Spüre nach: Wie würdest du dich gerne gerade jetzt in dem Moment ausdrücken. Male es dir aus, spüre nach, wie es sich anfühlen würde. Bleibe so lange in dieser Fantasieübung, wie du magst.

Dann kehre zurück zu diesem Text, indem du mit einer Berührung oder Bewegung diese Fantasiereise aus dir herausstreichst.

In solchen abwehrenden Äußerungen wird Grammatik ein Wert an sich zugesprochen. Es wird davon ausgegangen, dass es die eine richtige und eindeutige Grammatik gäbe. Dies wird in der Regel mit dem Duden gleichgesetzt, also einem Buch eines bestimmten deutschen privatwirtschaftlichen Verlags. Das, was unter Grammatik verstanden wird – Regeln zur Rechtschreibung und zum Satzbau sowie zur Flexion und Deklination von Wörtern, wird als allgemeinverbindlich erlebt und so auch auf diskriminierungskritische Sprachveränderungsvorschläge angewendet. Die so zitierte und autorisierte Grammatik wird als neutral angesehen und als neutrale Norm angerufen. Es wird deutlich gemacht, dass das, was *die* Grammatik sagt, nicht diskutiert werden kann und nicht hinterfragt werden darf. Die in Wörter- und in Grammatikbüchern formulierten Regeln werden also als handlungsleitend missverstanden und nicht als beschreibende Zusammenfassungen eines bestimmten Sprachgebrauchs zu einer bestimmten Zeit, ohne vorschreibend in diesen eingreifen zu wollen.

Was ist noch dazu zu sagen?

Grammatiken sind immer nachträgliche Abstraktionen aus dem vorherrschenden Sprachgebrauch – also dem Sprachgebrauch der Herrschenden, der normgebenden Gruppe in einer Gesellschaft. Grammatiken schreiben also nicht vor in ihrer eigenen Logik, sondern beschreiben, wie Sprache in dieser machtvollen Gruppe gerade verwendet wird oder wurde. Dabei treffen sie natürlich eine Auswahl der Quellen, die sie berücksichtigen. Diese Auswahl ist wiederum geprägt davon, welche Personen, aus welchen Positionen diese Auswahl treffen – und welche Äußerungen diesem akademischen Tun überhaupt zugänglich sind. Auf diese Weise entsteht ein häufig einseitiger Eindruck eines geläufigen Sprachgebrauchs, der vor allem machtvolle, akademische Gruppen abbildet.

Die allgemeine Wahrnehmung von Grammatiken geht von einer Richtig-Falsch-Logik aus: Du kannst Sprache richtig benutzen oder falsch benutzen. Die Norm dafür sind die Grammatikbücher und das im Schulunterricht erworbene Wissen zu Grammatik. Es geht also viel weniger darum, was *du* richtig oder falsch findest, was *du* respektvoll und diskriminierungskritisch findest. Die Idee, dass etwas grammatikalisch richtig oder falsch sei, lenkt also häufig von deinem Anliegen, Sprache diskriminierungskritisch zu verwenden, ab. Es wird eine andere Norm angelegt, in der Diskriminierungskritik keine oder nur eine nachgeordnete Rolle spielt. Stattdessen wird eine grammatikalische Korrektheit als wichtiger oder alleinentscheidend angesehen. Grammatikalische Korrektheit wird dabei nicht als eine gesellschaftlich stark autorisierte Bewertung verstanden, die Diskriminierungen reproduziert und normalisiert.

Eine Aussage, dass das, was du sagst oder schreibst nicht grammatikalisch korrekt sei, ist also eine Aussage, die von einem feststehenden, unveränderbaren Normsystem ausgeht – was, wie gesagt, eigentlich nicht die Aufgabe von Grammatik ist. Das, was hier steht, findet sich jedoch auch nirgendwo so richtig ausdrückt. Es gibt also fast sowas wie ein stillschweigendes Anerkennen in Grammatikbüchern, normierend zu sein. Dein diskriminierungskritischer Sprachgebrauch stellt genau diese häufig unhinterfragte Norm in Frage. Denn es liegt auf der Hand, dass ein normgerechter Sprachgebrauch häufig auch diskriminierend ist. Denn die gesellschaftlichen Normen ignorieren strukturelle Diskriminierungen häufig oder reden sie klein oder nehmen sie nicht ernst und wichtig. Es wäre also möglich, auf eine solche abwehrende Äußerung mit einer inneren Haltung zu re_agieren, dass das ja genau einer der Punkte sei: Wie könne es sein, dass diskriminierungskritischer Sprachgebrauch als nicht-korrekt oder gar als grammatikalisch falsch aufgefasst würde? Welche Aussage würde dies machen zum Sprachgebrauch an sich und zum Inhalt von Grammatiken?

Mögliche Gesprächsangebote:

»Möchtest du hören, was meine Grammatik diskriminierungsfreien Sprechens und Schreibens ist? Meine Vorstellungen von Grammatik basieren darauf, dass unser Sprechen möglichst respektvoll sein sollte. Das ist für mich die zentrale Sprachregel. Davon leitet sich alles Weitere ab. Dazu gehört dann beispielsweise, dass ich es wichtig finde, dass Menschen für sich selbst

sprechen können und zu akzeptieren, dass es viele verschiedene Sprech- und Schreibgewohnheiten gibt, die es gerade auch gibt, um nicht zu diskriminieren.«

»Für mich ist ein Sprechen und Schreiben falsch, wenn Menschen nicht darüber nachdenken, ob sie mit ihrer Sprache andere verletzen, diskriminieren und ausschließen. Für mich ist Sprache falsch, wenn sie an etwas festhält, was für Menschen nicht respektvoll ist. Das wäre die Grammatik, die in den Schulen unterrichtet werden müsste, finde ich. Wie geht es dir damit?«

»DAS BETRIFFT DOCH NUR GANZ WENIGE MENSCHEN – UND DESHALB SOLL JETZT DIE GANZE SPRACHE UMGEKREMPELT WERDEN? DAS IST DOCH ÜBERTRIEBEN!«

Hier bespreche ich Äußerungen, die diskriminierungskritische Sprachveränderungen als unnötig hinstellen, da es sich um kleine Minderheiten handele, die dadurch sprachlich zu viel Raum einnehmen würden. Andere mögliche Äußerungen in diese Richtung sind:

»Es gibt doch nur so wenige diverse Menschen – und deshalb sollen jetzt alle Sternchen oder Doppelpunkt verwenden? Das ist doch absurd!«
»Bisher haben nur 120 Leute überhaupt den Personenstand ›divers‹ beantragt – daraufhin sollen ALLE jetzt anders sprechen?«
»Wie groß ist denn bitte der Anteil Schwarzer Personen in der Gesellschaft? Und deswegen soll ich jetzt überall ›weiß‹ vor meinen Äußerungen setzen, wenn ich ganz normale Deutsche meine? Ich bitte dich!«

Diese Körperübung soll dir helfen zu lernen, Äußerungen zu hören, ohne sie in dich greifen zu lassen, sie also wieder direkt aus dir hinauszuleiten.

Stell dir ein Gegenüber vor, welches eine solche Äußerung tätigen könnte. Setze oder stell das Gegenüber so weit weg, wie es dir angenehm ist, wie es dir für dich und dein Wohlbefinden angemessen vorkommt.

Dann nimm die Äußerung und gib sie der so vorgestellten Person ausatmend. Leite sie also aus dir heraus. Einatmend: Nimm dein Fühlen war – das gehört zu dir. Ausatmend: Gib alles ab, was nicht zu dir gehört, was von außen in dich gekommen ist. Mach das so lange, wie es sich angenehm anfühlt. Schließe mit einem Eintamen ab, in dem du bei dir bist.

Spüre deine Füße oder Sitzhöcker, wenn du sitzt, deinen Rücken, wenn du liegst und deine Verbindung mit dem Boden.

Dann verlasse in deiner Zeit die Übung und kehre zum Text zurück.

In den abwehrenden Äußerungen in dieser Gruppe wird ausgehend von einer quantitativen Logik postuliert: Wenn es nur wenige Personen betrifft, ist es nicht so wichtig, dann können wir alle doch die große Mühe einer sprachlichen Veränderung sein lassen.
Hier wird also eine Repräsentationslogik angewendet und als relevant für sprachliche Entscheidungen auf gesellschaftlicher Ebene erklärt. Dieselbe Repräsentationslogik wird nicht angewendet, wenn es um die Frage geht, warum nur genderspezifisch männliche Formen verwendet werden und nicht daneben genderspezifisch weibliche Formen (Aktivistin und Aktivist). Alleine an diesem Punkt wird also schon deutlich, dass es sich um eine vorgeschobene, abwehrende Äußerung handelt.

Bleiben wir kurz noch bei dieser Repräsentationslogik, so ist dazu noch Folgendes zu sagen: Benennungspraktiken von Menschen so zu verändern, dass nicht Männlichkeit als pseudo-neutrale Norm weiter benutzt wird und auch nicht lediglich Männlichkeit und Weiblichkeit gedacht und ausgesprochen werden, eröffnet für viele Menschen überhaupt erst den Raum, auch über ihre eigene gegenderte Fremd- und Selbstidentifizierung nachdenken zu können. Denn ohne sprachliche Ausdrucksweisen fehlt die Vorstellung, dass es etwas geben könnte. Die Einführung des schwedischen genderneutralen Pronomens »hen« 3. Person Singular (also neben »er« und »sie«) vor ungefähr zehn Jahren hat dazu geführt, dass trans* Beratungseinrichtungen auf einmal einen um 200 Prozent gestiegenen Zulauf hatten – viele Menschen wussten auf einer vagen oder diffusen, auf jeden Fall nicht aussprechbaren Ebene, dass sie sich nicht zuhause oder wohlfühlen in dem bei Geburt zugewiesenen Gender – ohne dies aber konkret benennen zu können und vor allem ohne eine Alternative für sich zu sehen. Wie schwierig es ist, sich selbst jenseits von Weiblichkeit und Männlichkeit wahrzunehmen und wie dies mit sprachlichen Benennungsmöglichkeiten und Ansprachen zusammenhängt, wird eindrücklich in dem Essay »Body Language« von Alex Marzano-Lesvenich erzählt (erscheint im Herbst 2022 bei w_orten & meer auf deutsch). Die Eröffnung einer vielfältigeren Wahrnehmung von Menschen bezogen auf Gender ermöglicht vielen überhaupt erstmal die Chance, sich selbst auch jenseits von Normen von Weiblichkeit und Männlichkeit wahrzunehmen. Wird dies respektvoll, offen und wertschätzend praktiziert in der Gesellschaft, unterstützt zudem durch Gesetze, die ein Aufgeben von Gender als Fremd- und Selbstidentifizierung ermöglichen, gibt das überhaupt den Raum und die soziale Sicherheit, sich entsprechend selbst kennenzulernen und einen eigenen Weg jenseits sexistischer/genderistischer Zuschreibungen zu finden. Dies alles wäre alleine zu der Frage der Repräsentation zu sagen.

Was ist dazu sonst noch zu sagen?

Verlassen wir aber nun die Idee, dass Repräsentationslogiken überhaupt wichtig seien. Denn es bleiben weiterhin noch eine ganze Reihe anderer wichtiger Aspekte übrig. Schlussendlich geht es bei diskriminierungskritischen Sprachveränderungsvorschlägen nicht primär um die ergänzende Nennung von Diskriminierten – es geht, und das ist der entscheidende Punkt, darum die privilegierte Norm (in dem Falle des Beispiels oben: Endo- und Cis-Männlichkeit) als nur eine Identität und Positionierung – und zwar eine sehr privilegierte – neben anderen wahrzunehmen. Wenn dies sprachlich zum Ausdruck gebracht wird, wird die Endo- und Cis-Männlichkeit verallgemeinmenschlichende Wahrnehmung herausgefordert und gebrochen. Dies ist die eigentliche und viel grundlegendere Veränderung: Sich auf Endo- und Cis-Männer beziehende Wortformen sind damit nicht mehr allgemeinmenschlich, sondern eine genderspezifische Benennung. Dies ist im Online-Duden 2021 umgesetzt worden, indem dort jetzt maskuline Personenbezeichnungen als Benennung von Männern und feminine Personenbezeichnungen als Benennungen von Frauen umschrieben werden. Bezeichnungen wie »Staatsanwälte, Richter und Kriminalbeamte« haben zudem ein *weißes* Bias. Würde dies ebenso explizit gemacht, würde stattdessen präzise »*weiße* Staatsanwälte, Richter und Kriminalbeamte« gesagt. Natürlich wäre eine Gesellschaft wünschenswert, in der strukturelle Diskriminierungen nicht das Leben von allen prägen würde, unter anderem auch in Bezug darauf, welche Personen in welchen gesellschaftlichen Positionen sitzen. So lange dies nicht der Fall ist, ist es eine wichtige Strategie, konkret und präzise zu benennen. Denn nur dadurch, dass Benennungen aus ihrer Pseudo-Allgemeinmenschlichkeit entlassen werden, werden Privilegien sicht- und wahrnehmbar. Denn natürlich macht es einen Unterschied, ob juristische und polizeiliche Positionen mit *W*eißen oder Migratisierten, mit durch Rassismus diskriminierten Menschen, mit beHinderten oder entHinderten, mit Endo-, Cis-Männern, -Frauen, mit trans* Personen oder genderfreien Menschen besetzt sind. Alle diese unterschiedlichen, sozial geschaffenen Positionen bringen potentiell eine unterschiedliche Erfahrungskompetenz in Bezug auf Diskriminierungsverhältnisse mit ein. Sie können zudem auch unterschiedlich als Vorbild dienen.

Der Widerwille, differenziert zu benennen, basiert also nicht darauf, dass bestimmte Gruppen extra benannt werden sollen, sondern dass mit einer solchen gleichberechtigten Nennung verschiedener Positionen die privilegierte Norm zu nur einer Option unter anderen wird. Das ist die große Veränderung und das ist es, was Menschen, die an den Normen festhalten, so aufregt. Dass diese eigenen Normvorstellung nicht mehr einfach wie selbstverständlich mitlaufen, sondern durch diskriminierungskritische Sprachveränderungen explizit gemacht werden. Auf diese Weise, also durch sprachliche Handlungen, verändert sich die Wahrnehmung von Normalität, Neutralität, Allgemeingültigkeit für Menschen, die sich bisher nicht damit beschäftigt haben, dass die Normalität, die sie erleben, in der Regel eine stark privilegierte ist. Diese Normalität re_produziert sich dadurch, dass Menschen die sprachlichen Entscheidungen, die gesellschaftlich als Norm hergestellt werden, einfach so übernehmen und im eigenen Sprachgebrauch wiederholen.

Mehr noch, viele erheben diese sozial geschaffene, machtvolle Norm zu einer Sprachneutralität, erleben sie als sprachliche Ästhetik und als eigene Kultur.

Es geht also bei diskriminierungskritischen Sprachveränderungen nicht darum, immer noch weiter identitätspolitisch ausdifferenziert einzelne Gruppen zu benennen als Selbstzweck.

Es geht bei diskriminierungskritischen Sprachveränderungen vor allem darum, herrschende machtvolle Normen, die sich auch durch sprachliche Normsetzungen und Konventionen herstellen und wiederholen, als sozial diskriminierende und machtvoll gewollte und Macht zementierende Herstellungen wahrzunehmen – die eben auch veränderbar sind. Die eben auch verändert werden müssen, sollen sich die Verhältnisse verändern.

Diskriminierte Positionen zu benennen, ohne gleichzeitig auch privilegierte parallel explizit zu machen, könnte ansonsten zu einem Othering beitragen. Sowohl Doppelpunkt- als auch Sternchenformen sind nicht nur das Ansprechen einer über Zweigenderung hinausgehenden Diversität von genderbezogenen Identitäten, sondern machen aus einer männlich-allgemeinmenschlichen Norm eine spezifische Position neben anderen: Männlichkeit. Dass maskuline Personenbezeichnungen allgemeinmenschlich seien, verleiht der patriarchalen Idee und Ideologie, dass Männlichkeit einfach nur Menschsein heißt, seinen sprachlichen direkten wie auch symbolischen Ausdruck.

Es geht in dem befürchteten umfassenden Sprachumbau also viel weniger um die zusätzliche Nennung einer von den Privilegierten als klein aufgefassten Minderheit. Es geht stattdessen um eine Infragestellung der bisher weitgehend hingenommenen Norm Mann = Mensch. Nur dadurch, dass Gender als eine flexible Kategorie auch sprachlich zum Ausdruck gebracht wird, verliert Männlichkeit seinen Status, als stellvertretend für die ganze Menschheit zu stehen.

Auf einer persönlichen, kommunikativen Ebene geht es zudem um Respekt. Es geht um ein Eintreten für eine diskriminierungsfreie Gesellschaft. Diese wird unter anderem auch mit darüber gestaltet, dass die Sprachformen, die wir zum Kommunizieren benutzen, diskriminierungsfrei und respektvoll gegenüber Diskriminierten sind. Auf diese Weise für eine gerechte, friedliche Gesellschaft einzustehen, ist eine politische, immer mögliche und immer anwendbare Handlung. Sie drückt sich aus als Sprachhaltung für Respekt und Achtung.

Mögliche Gesprächsangebote:

»Ich möchte gerne mit dir teilen, was die Sternchen-Form für mich bedeutet. Das Sternchen symbolisiert für mich, dass Gender eine vielfältige Realität ist. Alle Menschen sind divers, auch Cis- und Endo-Männer. Die Sternchen-Form zu benutzen, drückt dies sprachlich aus. Auf diese Weise wird eine Gleichberechtigung von allen Menschen symbolisch und alltagspraktisch direkt sprachlich ausgedrückt. Zusätzlich eröffnet das für mich persönlich als non-binäre/genderqueere/agender/genderfreie/trans … Person eine Anwesenheit im Kommunizieren, die ich mir sonst immer erst heimlich und innerlich durch Übersetzung schaffen musste. Die Sternchen-Form vermittelt mir: Wir sprechen auf einer Ebene; wir sind alle Teil der gleichen Gruppe, und zwar der Gruppe der Menschen. Kannst du das nachvollziehen, was ich hier mit dir teile?«*

»Es geht in meiner Wahrnehmung überhaupt nicht um eine Veränderung für eine, wie du es nennst, kleine Minderheit. Es geht mir um eine Veränderung für uns alle. Denn eine Sprache die nur einige wenige Menschen als Menschen wahrnimmt, schränkt uns alle in unserer Wahrnehmung, unserem Denken und schließlich auch in unserem politischen Agieren ein.«

»WIR HABEN JA BEREITS EINE ALLGEMEIN-MENSCHLICHE FORM: DAS GENERISCHE MASKULINUM.«

Hier bespreche ich Äußerungen, die auf einer Neutralität konventioneller Sprachformen beharren. Sie lehnen Änderungen ab, weil sie postulieren, dass Sprache, so wie sie konventionell ist, alles ausdrücken würde und neutral sei.
Weitere entsprechende Äußerungen sind:
»Was soll der ganze neumodische Quatsch und die dauernde Erfindung neuer Formen?«
»Du weißt doch was ich meine – das ist doch jetzt echt unnötig, mich so zu maßregeln!«
»Wir haben schon immer so gesprochen und wir werden auch weiter so sprechen. Ich brauch das alles nicht.«
In diesem Argument wird ein diskriminierender konventioneller Ist-Zustand als neutral erklärt. Dieses Argument zeugt also von einer hohen Ignoranz gegenüber diskriminierungskritischen, sprachbezogenen Aktivismen.

In und mit diesem Argument wird die große Relevanz, die Sprache für Vorstellungen und Wahrnehmungen hat, heruntergespielt oder ignoriert. Gleichzeitig aber scheint dies so wichtig zu sein, dass es wert ist, sich dazu zu äußern. Auf einer unbewussten Ebene scheint es also durchaus ein Wissen darum zu geben, dass Sprachhandlungen Wirklichkeitsvorstellungen gestalten, verändern oder zementieren können.

In dieser Äußerung ist auch beinhaltet, dass Sprache sich nicht zu verändern, dass Sprache stabil zu sein habe. Dies widerspricht Sprache als einem dynamischen Medium ganz grundlegend – Sprache verändert sich kontinuierlich. Denn Sprache ist das Medium, welches den kommunikativen Bedürfnissen kontinuierlich angepasst wird. Diese Veränderung wird von allen Sprechenden und Schreibenden betrieben. Einige dieser Änderungen setzen sich dann so durch, dass sie im Sprachgebrauch der gesamten Gesellschaft verankert und auch von staatlichen Institutionen zitiert, aufgegriffen, angewendet und autorisiert werden. Im Zuge der ersten 1,5 Jahre der Corona Pandemie sind bereits über tausend neue Wörter im allgemeinen Sprachgebrauch hinzugekommen. Die gesellschaftlichen Anforderungen an sprachlichen Ausdruck verändern sich und damit der Ausdruck. Genauso könnte dies auch in Bezug auf strukturelle Diskriminierung sein. Denn bei diskriminierungskritischen Sprachveränderungen geht es auch darum, die soziale Wirklichkeit angemessen, explizit und transparent zu benennen, und zwar mit einer diskriminierungskritischen Perspektive. Deshalb wird von sexualisierter Gewalt statt von sexuellem Missbrauch gesprochen, von patriarchaler, cis-männlicher Gewalt und Gewalt von Erwachsenen gegenüber Kindern statt von häuslicher Gewalt oder von Familiendramen.

Mit deinem Sprechen und Schreiben kannst du also Stellung beziehen, Haltung zeigen, deine Wahrnehmung einer

Situation zum Ausdruck bringen. Und auf diese Weise auch allgemeinere soziale Wahrnehmungen zur Debatte stellen oder auf ihre Gewalt verharmlosenden Aspekte hin befragen. Denn: es gibt keinen neutralen Sprachgebrauch. Im Sprachgebrauch drückt sich eine Perspektive aus. Diese kann unüberlegt und unreflektiert übernommen sein. Das heißt aber nicht, dass darin keine Perspektive zum Ausdruck kommt.

Was gibt es sonst noch zu sagen dazu?

Diese Gesellschaft ist stark und kontinuierlich über Jahrhunderte patriarchal geprägt. Sexismus bzw. die erweiterte Form Genderismus gehört zu den Grundfesten gesellschaftlicher Kultur, Werte, Normen. Sonst gäbe es nicht fast jeden Tag einen sexistischen Mord oder Totschlag, verübt durch heterosexuelle Partner oder Ex-Partner; sonst gäbe es keine immer noch auf Gender basierenden Lohnunterschiede, Unterschiede in der Verteilung von gesellschaftlichen Machtpositionen, sexistische Witze und vieles andere mehr. Dass also eine Form, die von vielen als neutral postuliert wird, mit der Form, mit der Männer benannt werden, zusammenfällt, ist alles andere als ein Zufall. Es ist patriarchale Ideologie, die neutralisiert worden ist in der gesellschaftlichen Wahrnehmung. Sonst wären auch nicht über Jahrzehnte unterschiedliche Versuche, diese diskriminierenden Sprachnormen zu verändern, u. a. auch durch die Verwendung von weiblichen Formen als generisch (von Luise F. Pusch in den 80er Jahren vorgeschlagen) und vielen anderen Vorschläge mehr, so vehement bekämpft worden. Wenn es um wirkliche Neutralität in Bezug auf Genderausdruck gehen würde, hätte sich schon längst eine andere, eine neue Form durchgesetzt. Denn bisher gibt es keine Neutralität in Bezug auf Genderwahrnehmung im konventionellen Deutsch. Das Beharren darauf, dass das androgendernde Maskulinum neutral sei, ist also letztendlich ein Beharren darauf, dass die Gesellschaft neutral sei und nicht patriarchal und sexistisch/genderistisch. Aber nicht nur die Kriminalitätsraten sexistischer Gewalt (ganz jenseits von Dunkelziffern jenseits offizieller staatlicher Zählungen) zeigen eine andere Realität. Auch dass es seit Jahrzehnten schon Frauenhäuser, Frauenbeauftragte und sogar Frauenministerien gibt, zeugt davon, dass es eine gesamtgesellschaftliche, grundlegende, festverankerte genderbezogene strukturelle Gewalt in der Gesellschaft gibt. Diese Wirklichkeit aufzuzeigen, zu transformieren und auch über binäre Vorstellungen hinaus zu erweitern, ermöglichen diskriminierungskritische Sprachveränderungen.

Mögliche Gesprächsangebote:

»Ich würde gerne noch mal zum Ausdruck bringen, dass ich mich mit androgendernden Sprachformen nicht angesprochen, nicht gemeint, nicht respektvoll benannt fühle. Mir das einzugestehen, ist ein langer und auch schmerzvoller Prozess gewesen. Denn es heißt, mir einzugestehen, dass ich schon immer und sehr grundlegend diskriminiert worden bin. Es gibt mittlerweile unzählige sozialpsychologische und

sprachwissenschaftliche Untersuchungen, die das auch bestätigen: dass Menschen, bevor sie überhaupt nachdenken können, bereits Bilder im Kopf haben durch bestimmte Sprachformen. Und bei maskulinen Personenbenennungen sind das ganz mehrheitlich Bilder von Männern – ganz unabhängig davon, ob Kindergärtner, Kassierer, Lehrer oder Staatsanwalt. Also ganz unabhängig davon, wie die soziale Realität der Berufsgruppen in Bezug auf Genderverteilung ist. Aber auch jenseits von allen diesen Untersuchungen: Kannst du hören, dass ich mich nicht gemeint fühle, nicht angesprochen fühle? Kannst du das akzeptieren? Und magst du hören, wie ich mich angesprochen fühlen würde?«

»Ich kommuniziere, um mich verständlich zu machen. Und für mich ist eine Wirklichkeitsvorstellung, in der Männlichkeit mit Allgemeinmenschlichkeit gleichgesetzt wird, eine, in der ich keinen Platz habe. Ich will aber gerne vorkommen. Und ich will gerne mit dir kommunizieren. Deshalb würde ich dir gerne sagen, wie ich mich angesprochen und wie ich mich mitgemeint fühle. Ich hoffe, es ist ok für dich, dass ich sowas Vertrauliches, Wichtiges und Verletzliches mit dir teile. Das mache ich, weil ich wirklich mit dir kommunizieren will, wirklich anwesend sein will in unserem Kontakt.«

»DAS TÜRKISCHE/FINNISCHE ... HAT KEINE GENDER-FORMEN, ABER DAS HEISST JA NICHT, DASS DIE TÜRKEI/FINNLAND ... GENDERNEUTRAL ODER NICHT SEXISTISCH/ GENDERISTISCH IST. DAS ZEIGT JA, DASS SPRACHE KEINE ROLLE SPIELT!«

Äußerungen in dieser Gruppe greifen auf Vergleiche mit anderen Menschen, Sprachen und Ländern zurück, um zu zeigen, dass die sprachlichen Praktiken oder die in Grammatiken festgeschriebenen sprachlichen Möglichkeiten für die soziale Realität überhaupt keine Rolle spielten. Oder um zu zeigen, dass Problematisierungen eines bestimmten Sprachgebrauchs überhaupt nicht die Meinung Diskriminierter wiedergäben. Eine vergleichbare Äußerungen wäre:

»Im Spanischen bedeutet das Wort einfach nur ›schwarz‹ oder ›dunkel‹ – was wird hier für ein Theater um sowas gemacht, was doch gar keine Rolle spielt!«

Ein ähnliches Muster findet sich auch in Aussagen, die auf Einzelpersonen verweisen, um den eigenen Sprachgebrauch zu legitimieren:

»Ich kenne eine Person, die bezeichnet sich selbst mit diesem Wort, das du jetzt als sexistisch/genderistisch/

rassistisch/migratistisch bezeichnest. Dann kann das ja wohl nicht problematisch sein.«

★ Hier zunächst eine Körperübung

Atme tief durch. Spürst du Genervtsein? Ungeduld? Wut? Was genau spürst du? Wo sitzt es?

Verbinde dich mit einem friedlichen, liebenden Gefühl in dir. Wo sitzt dieses? Wie fühlt es sich an?

Versuche jetzt eine Verbindung zwischen diesen beiden Gefühlen herzustellen in dir. Beide sind da, beide gehören zu dir, beide sind okay. Lass sie miteinander interagieren. Vielleicht tanzen sie, umkreisen sich. Sie können sich begegnen in dir. Deine Gefühle gehören dir.

Wenn du soweit bist, verabschiede dich aus dieser Begegnung und kehre in den Raum zurück.

Öffne dich wieder dem Text.

In beiden Situationen wird auf einen Kontext außerhalb des Gespräches verwiesen, um diskriminierungskritische Sprachveränderungen als überflüssig oder sinnlos herzustellen. Der Vergleich mit anderen Sprachen wird herangezogen, um deutlich zu machen, dass eine Veränderung der Sprachnormen nichts bewirken würde. Denn in anderen Sprachen seien die Normen bereits so, wie es diskriminierungskritisch für das Deutsche überlegt werde – und die soziale Realität sei (mindestens) genauso diskriminierend. Es wird auch immer eine Person zu finden sein, die auch für sich selbst diskriminierende Ausdrücke verwendet. Das ist die Freiheit jeder Person – sich selbst so zu benennen, wie sie will. Problematisch wird es, wenn eine einzelne Person als Beweis oder Beleg dafür herhalten muss, warum es ganz generell okay ist, so zu reden und zu schreiben. Die häufig angeführte Repräsentationslogik wird hier in ihr Gegenteil verkehrt – eine einzelne Person reicht schon aus, den eigenen diskriminierenden Sprachgebrauch zu legitimieren. Interessant ist, dass dies andersherum nicht der Fall ist: Die Bitte einer einzelnen diskriminierten Person für eine veränderte Anrede oder dafür, einen bestimmten Begriff bitte nicht zu verwenden, wird überhaupt nicht gleichermaßen ernst genommen. Ganz im Gegenteil: Die Bitte wird infrage gestellt, die diskriminierte Person mit ihrem Wunsch nicht ernst genommen, und zwar von genau denselben Personen, die eine einzelne Person als Beleg dafür anführen, nichts ändern zu wollen. Dies zeigt, dass hier einfach nur nach einer einfachen Erklärung und Rechtfertigung dafür gesucht wird, das eigene Sprechen nicht zu verändern, die eigene Bequemlichkeit nicht zu verlassen und sich selbst und das eigene Sprachverhalten schönzureden.

Was gibt es dazu noch zu sagen?

Diskriminierung ist eine Struktur, die die gesamte Gesellschaft durchzieht. Alle Menschen sind Teil dieser Struktur und sind an diese Struktur gewöhnt. Sich zu entwöhnen von diskriminierenden Strukturen ist mitunter anstrengend, schmerzhaft, ungewohnt. Aber auch befreiend, bestärkend, lebendig, Anwesenheit und Verbindung schaffend. Auch Diskriminierte sind gewöhnt an diskriminierende Strukturen, die sich unter anderem im konventionellen Sprachgebrauch zeigen. Dies immer bewusst zu haben, sich immer dagegen zu wehren, immer zu spüren, wie stark dieser Sprachgebrauch verletzend ist, kann manchmal unaushaltbar sein. Es setzt eine Gewöhnung ein an kontinuierlich stattfindende Diskriminierung, wie es konventioneller Sprachgebrauch ist. Eine Folge davon kann es sein, Diskriminierungen selbst auch herunterzuspielen oder kleinzureden. Auch Diskriminierte wollen häufig unauffällig leben, wollen möglichst teilhaftig werden an gesellschaftlicher Macht. Ein Weg dahin ist die Anpassung an machtvolle Zustände und Vorstellungen. Dies zeigt sich beispielsweise eindrücklich in heterosexuellen Paarkonstellationen. Nahezu jeden Tag wird in Deutschland eine Frau von ihrem Partner oder Ex-Partner getötet oder erleidet einen Tötungsversuch. Trotzdem gibt es ein gesamtgesellschaftliches Festhalten an heterosexueller Paarliebe als erstrebenswerter, romantisierter Lebensnorm. Diskriminierte per se als Beleg dafür heranzuziehen, dass es nicht notwendig ist, das eigene Sprachhandeln zu verändern, ignoriert diskriminierungskritische Kompetenz und die Legitimation unterschiedlicher Umgangsweisen mit erlittener Diskriminierung.

Sich Diskriminierungen einzugestehen ist ein langer, schmerzvoller und schwieriger Prozess. Sich einzugestehen, dass es strukturelle Diskriminierung gibt, die das individuelle Leben und Erleben nachhaltig und ganz grundlegend prägt, ist schwierig und mithin nicht möglich. Umso wichtiger ist es für Privilegierte, möglichst offen und sensibel über Diskriminierungen nachzudenken, von denen mensch selbst nicht betroffen ist. Respektvoll zu kommunizieren bedeutet, die Wünsche Diskriminierter nach Vermeidung bestimmter Begriffe zu respektieren, die Wünsche nach bestimmten Anreden zu respektieren und nicht zu versuchen verallgemeinerbare neue Sprachregelungen aufzustellen. Sondern offen zu sein für die jeweiligen Bedürfnisse unterschiedlicher diskriminierter Menschen.

Auf der Ebene des Sprachvergleichs ist es wichtig sich dazu zu öffnen, dass es in unterschiedlichen Sprachen unterschiedliche Formen gibt, diskriminierende Logiken auszudrücken. Von der deutschen konventionellen Sprache aus darauf zu schließen, dass es dann in allen Sprachen nur genau diesen Hebel gibt, um sich genderbezogen diskriminierend auszudrücken, ist fast sowas wie Deutschismus: die Normsetzung der deutschen Sprache und die Unfähigkeit wahrzunehmen, dass Sprachen sehr verschiedene Hebel haben, Diskriminierung auszudrücken und zu normalisieren. Und auch darüber hinaus: Auch im Deutschen gibt es sehr viel mehr genderbezogene Diskriminierungen, als ›nur‹ die Benennungen von Menschen inklusive grammatikalischer Genderung. In diesem Argument wird also zudem auch eine recht verkürzte Auffassung zu sprachlicher Diskriminierung in seiner großen Bandbreite vertreten.

Mögliche Gesprächsangebote:

»Ich bin auch davon fasziniert, wie unterschiedlich bestimmte Wirklichkeiten in und mit unterschiedlichen Sprachen ausgedrückt werden. Ich habe gelernt, dass auch Sprachen, die kein Genus, also kein grammatikalisches Geschlecht haben, durchaus sexistische Ausdrucksweisen haben können. Dort wird durch ganz andere sprachliche Konventionen gegendert. So spannend, oder? Sprache ist so vielschichtig und drückt so viel Verschiedenes aus, was wir uns nur sehr wenig bewusst machen können. Uns ist im Deutschen vieles so selbstverständlich – wie die Trennung in zwei Geschlechter, was aber eben auch nur eine gesellschaftliche Konvention ist, die über sehr lange Zeit sich auch in der Grammatik des Deutschen manifestiert hat mehr und mehr. Es müssen aber nicht die Personenbenennungen sein, die das ausdrücken. Es kann auch ein Anhängsel am Verb sein, oder überhaupt andere Verben, die für Frauen und Männer benutzt werden oder andere Adjektive. Tonhöhe oder Tonverlauf, Themen, Eigenschaftszuschreibungen – unendlich viele verschiedene Mechanismen. Sprache hat unzählige

Möglichkeiten, Gender festzuschreiben und auszudrücken. Nur weil es im Deutschen auch ganz zentral über grammatikalisches Genus bei Personenbenennungen passiert, heißt es nicht, dass es nicht noch viele andere Möglichkeiten gibt – wie eben das Türkische oder das Finnische auch zeigen. Die Indigene Botanikerin Robin Wall Kimmerer erklärt in ihrem Buch Braiding Sweetgrass, *wie lang der Weg für sie war, zu verstehen, dass ihre Indigene Sprache, Powatahomi, gar nicht zwischen Menschen, Tieren und Pflanzen, zwischen Bergen, Flüssen und Himmel unterscheidet, sondern alles das in die Kategorie »lebendig« gehört. »Nicht lebendig« ist alles, was von Menschen geschaffen ist. Dadurch ergibt sich dann eine ganz andere grammatikalische Struktur, die geprägt ist von einer anderen Wirklichkeitssicht als derjenigen, in der Menschen wichtiger und zentraler sind als alles andere. Und selbst prägt dies natürlich auch die Sicht der Menschen, die mit dieser Sprache aufwachsen auch.«*

»Ich hab auch lange Personen manchmal als krank, beHindert oder verrückt bezeichnet. Dann hab ich irgendwann verstanden, dass das ganz schön diskriminierend ist – für Personen, die über Psychismus als beHindert und krank hergestellt werden und für die Gesellschaft insgesamt. Das ist für mich ein langer Prozess gewesen, zu verstehen, wie stark psychistische Diskriminierung verankert ist auch im allgemeinen Sprechen, dass ich so mitgemacht hab. Mir das bewusst zu machen, war und ist auch ein ganz schön schmerzvoller Prozess. Aber ich bin echt froh darüber, dass mir das erklärt worden ist und ich da jetzt besser hinspüren kann, was ich da eigentlich mache. Kannst du das nachvollziehen?«

»Mich erinnert das an verschiedene Selbstbezeichnungen Diskriminierter, wie »Black is beautiful«/»Krüppelbewegung«/»Tunte«. Ich kann voll verstehen, dass es für Diskriminierte eine wichtige Sprachstrategie sein kann, sich negativ besetzte Begriffe wiederanzueignen. Also die Macht einzunehmen darüber, was ein Begriff für sie selbst bedeutet und damit die machtvollen diskriminierenden Begriffsbelegungen abzulehnen. Ganz schön stark! Aber für mich als weiße/nicht-beHinderte/nicht homosexuelle Person ist das keine Erlaubnis diese Begriffe, die so eine lange Geschichte

der Diskriminierung in sich tragen, auch für andere zu benutzen. Empowernde Selbstbenennungen und Fremdbenennungen – das ist ein wichtiger Unterschied für mich. Ich bin froh, das durch Artikel und Podcasts irgendwann so richtig kapiert zu haben und also so Begriffe nicht einfach zu übernehmen. Denn aus dem Mund einer weißen/nicht-beHinderten/nicht homosexuellen Person ist das echt noch mal was anderes als von einer Schwarzen/BeHindert-werdenden/schwulen Person.«

»DIESE GANZEN SPRACHVERÄNDERUNGEN SIND EIN ELITÄRER, AKADEMISCHER QUATSCH. WENN SIE WIRKLICH GEGEN DISKRIMINIERUNG SEIN WOLLEN, DANN MÜSSEN SIE MAL SOFORT DAMIT AUFHÖREN. DENN DER GEMEINE MANN AUF DER STRASSE VERSTEHT DAS JA ALLES GAR NICHT!«

In Argumenten dieser Gruppe werden diskriminierungskritische Sprachveränderungen als akademische, künstliche Erfindungen abgewertet, die keinen Rückhalt im Leben hätten, sondern theoretische Konstrukte und elitäre Hirngespinste seien. Weitere Äußerungen nach diesem Muster sind:

»So zu sprechen ist kompliziert und ausschließend. Wie sollen denn Menschen, die nicht studiert haben, so eine Sprache lernen oder verstehen können?«

»Das versteht ja kein Mensch mehr, was das heißen soll!«

»Das ist ja unaussprechbar, was soll der Quatsch?«

»Das steht so nicht in der Grammatik/nicht im Duden, das gibt es also nicht.«

»Geschlechtergerechte Sprache schön und gut, aber für Personen die deutsch als Fremdsprache lernen, oder lernbehindert sind ist das nicht praktikabel oder barrierefrei.«

Diese Argumente scheinen auf der ersten Blick klassismuskritisch zu sein. Sie nehmen eine Position von »Menschen auf der Straße« ein, denen eine diskriminierungskritische Sprache fremd sei. Diskriminierungskritik wird hier als ein akademisches Anliegen hergestellt, welches nichts mit dem Leben »normaler« Menschen zu tun habe. Zudem sei eine sprachliche Diskriminierungskritik unverständlich und Menschen ausschließend, weil die Worte und Formen nicht zu verstehen seien, sondern selbst bereits ein Studium voraussetzen würden. Dabei werden unterschiedliche Positionen und Bewegungen in Bezug auf Klassismus, BeHindert-Werden, Migratismus und genderbezogener Diskriminierung künstlich voneinander getrennt und gegeneinander ausgespielt.

In dieser Argumentation wird eine Projektion auf Menschen ohne (einen in Deutschland anerkannten) akademischen Bildungsabschluss gelegt. Mit dieser Projektion wird selbst klassistisch argumentiert: Es wird als selbstverständlich hergestellt, dass Menschen ohne einen akademischen Hintergrund nicht in der Lage seien, diskriminierungskritische neue Sprachformen zu verstehen, geschweige denn sie selbst zu entwickeln und anzuwenden. Diese Argumentation macht so, als wäre ein diskriminierungskritischer Aktivismus in Universitäten verortet und würde nicht aus Gruppen von aktivistischen Menschen jenseits der Akademie stammen. Diskriminierungskritischer Aktivismus basiert sehr häufig auf sprachlichen Handlungen: der Formulierung neuer Begriffe, der Formulierung einer Kritik an hegemonialen Sprachpraktiken, dem Reclaimen diskriminierender Begriffe. So wie Sprachhandlungen ein erster Schritt auf dem Weg zu größeren Gewaltsystemen sind, die bis zu Genoziden führen können, sind diskriminierungskritische Sprachhandlungen auch ein unersetzbarer Schritt, um genau die größeren Gewaltsysteme zu verhindern oder sichtbar zu machen und auf diese Weise auf längere Sicht verändern zu können. Es gibt keine politische Veränderung diskriminierender Verhältnisse ohne sprachliche Veränderungen. Universitäten und überhaupt akademische Äußerungen sind immer ein zeitlich stark nachgeordneter Teil zu einem immer viel früher stattfindenden Aktivismus, der auf jeden Fall immer jenseits akademischer Zusammenhänge beginnt. Akademische Sprachveränderungen, wie sie sich in Leitfäden an Universitäten und anderen Hochschulen niederschlagen, sind häufig durch den Aktivismus von Menschen, die studieren, also gerade erst mit einer akademischen Ausbildung beginnen, und sich politisch organisieren, initiiert. Sie finden sich schon viel früher in Selbstvertretungsorganisationen und selbstorganisierten außeruniversitären Zusammenschlüssen und sind von dort in Universitäten und andere Bildungseinrichtungen getragen worden. Universitäten sind nicht die Orte für diskriminierungskritische Revolutionen, sondern ein machtvoller Teil eines hegemonialen Wissensproduktionssystems. Die Vorstellung, diskriminierungskritische Sprachhandlungsvorschläge seien akademisch, verkennt soziale und aktivistische Wirklichkeiten. Es ist interessant, dass in einer Gesellschaft, die relativ wissenschaftshörig ist und die die Ausschlüsse, die durch akademisches Wissen passieren in Bezug auf Diskriminierung, wenig wahrnehmen will, gleichzeitig aber die Vorstellung, sprachliche Diskriminierungskritik sei akademisch, als etwas Negatives labelt.

Was ist noch dazu zu sagen?

Das Zitieren von Medien wie Duden oder Grammatiken zeigt selbst ein Verständnis von Sprache und Sprachnormen gemäß akademischer Normen. Dass beide Medien nicht Sprachhandlungen vorschreiben, sondern den aktuellen herrschenden Sprachgebrauch beschreiben – nicht den aktivistischen – wird hier nicht weiter zur Kenntnis genommen. Stattdessen wird die eigene Vorstellung davon, dass Sprachgebrauch bestimmten Regeln zu folgen habe, in diesen Äußerungen unkritisch re_produziert.

Mögliche Gesprächsangebote:

»Für mich hat Sprache etwas unglaublich empowerndes, befreiendes, seitdem ich Sprache als eine kreative Ressource begreife, mit der ich versuchen kann mich zu kommunizieren. Magst du noch mal mehr dazu hören, was ich mit meinem Sprechen zum Ausdruck bringen will? Ich freue mich, wenn wir uns die Zeit nehmen uns zuzuhören, respektvoll nachzufragen und unsere Standpunkte zu verstehen. Ich spreche so, wie ich spreche, weil ich versuchen will, möglichst anwesend zu sein in meinem Sprechen. Ich will mich

verständlich machen. Deshalb ist es cool für mich, dass du nachfragst.«

»Ich verstehe wie du auf den Gedanken kommst, dass Sprachveränderungen elitär seien. Denn in den Medien werden Sprachveränderungen meist erst dann diskutiert, wenn sie auch in Universitäten und an höher stehenden öffentlichen Stellen angekommen sind. Ich habe jedoch andere Erfahrungen gemacht. Den Anfang von diskriminierungskritischen Sprachveränderungen finde ich nicht an diesen Orten. Vielmehr finde ich den Anfang für solche Sprachveränderungen in selbstorganisierten Zusammenhängen, an alternativen Orten wie Antidiskriminierungsprojekten oder auf Demo-Plakaten. Da gibt es diese Auseinandersetzung und dieses Sichaneignen und Transformieren von Sprache schon seit Jahrzehnten. Das kommt verzögert und sehr viel langsamer in universitären Kontexten an und wird von dort in politische Debatten übernommen. Ich glaube, manchmal wirkt es so neu, weil die Sprachveränderungen von unten lange nicht wahrgenommen worden sind.«

»Für mich gehören sprachliche Barrierefreiheit und andere Formen der diskriminierungsfreien Sprachveränderung zusammen. Sie schließen sich nicht aus. Im Gegenteil. Sprache ist dafür da, Anwesenheiten und

Verständigung zu ermöglichen. Und nicht komplizierte grammatikalische Regeln oder sprachliche Effizienz über alles andere zu setzen. Mir immer wieder zu überlegen: Was will ich sagen und wie und dabei deutlich zu machen, warum schreibe ich so wie ich schreibe und für wens. Das ist auch ein Grundsatz bei leichter Sprache: die eigenen sprachlichen Entscheidungen zu erklären. Sprechen und Schreiben nicht als selbstverständlich vorauszusetzen.«

»ES GIBT IMMER NOCH LOHNUNTERSCHIEDE ZWISCHEN MÄNNERN UND FRAUEN. WAS SOLL DAS GEREDE ÜBER SPRACHFORMEN? ES GIBT DOCH NUN WIRKLICH WICHTIGERE DINGE!«

In diesem Argument werden unterschiedliche Ziele einer Politik, die genderbezogene Diskriminierung verändern will, miteinander verknüpft und gegeneinander ausgespielt. Interessanterweise werden Sprachpolitiken hier mit anderen Zielen zusammengebracht und ihnen gleichzeitig die Rolle gegeben, dass sie nur Sinn machen würden, wenn sich durch sie *alles* ändern würde. Vergleichbare Äußerungen auch zu anderen Diskriminierungsformen sind:

»Jetzt gibt es seit 30 Jahren das Binnen-I, aber Frauen verdienen ja immer noch weniger Geld. Das zeigt ja, dass das gar nichts bringt.«

»Es ist doch total egal, wie ich BeHinderte benenne. Dadurch lösen sich ja die Heime und Benachteiligungen nicht auf.«

»Und – hat sich irgendwas verbessert, nur weil wir rassistische Ausdrücke nicht mehr benutzen dürfen?«

»Das ist ja alles nur political correctness. Sowas mache ich nicht mit!«

»Klar könnte ich auch voll pc solche Ausdrücke benutzen. Aber ich lasse mich nicht so einfach kaufen und mach so einen oberflächlichen Kram mit, um hip zu sein oder dazu zu gehören.«

Interessant ist in allen diesen Äußerungen, dass sprachlichen Handlungen hier eine potentiell sehr große Macht zugeschrieben wird – als könnten oder müssten sie *alles* verändern. Gleichzeitig wird aber genau dies – dass diskriminierungskritische Sprachveränderungen die soziale Wirklichkeit beeinflussen oder verändern könnten – geleugnet, weil Sprache offensichtlich nicht sofort alles verändert. Als »Beweis« wird herangezogen, dass sich ja sonst mittlerweile durch die diskriminierungskritischen Sprachveränderungen alles zum Guten oder Besseren verändert haben müsste, was in der Wahrnehmung der Äußernden nicht, oder zumindest nicht vollständig der Fall sei.

Zum einen werden hier überzogene Ansprüche an diskriminierungskritische Sprachveränderungen gestellt – was eine Bedingung dafür ist, die Sprachveränderungen dann als unnötig und unwirksam zu verwerfen. Diskriminierungskritische Sprachveränderungen sollen in dieser Argumentation alle Ungerechtigkeit sofort und auf einmal gleichzeitig verändern. Tun sie dies nicht, sind sie sinnlos – oder lediglich Zeichen einer political correctness. Das heißt inhaltsleer, einfach nur nachgeplappert, weil es gerade in sei und angesagt. Zum anderen wird in allen diesen Äußerungen so gemacht, als wären diskriminierungskritische Sprachveränderungen schon fest verankert im allgemeinen Sprachgebrauch – was sie ja überhaupt nicht sind! Und da es immer noch Diskriminierungen gebe, wird dies angeführt als Beleg dafür, dass Sprachveränderungen nichts brächten. Es werden also diskriminierungskritische Sprachveränderungen abgelehnt und gleichzeitig so gemacht, als gäbe es sie bereits in größerem Umfang, um darauf aufbauend dann postulieren zu können, dass ja zu sehen sei, dass sie nichts brächten. Diese abwehrende Äußerung zeichnet sich also durch hohe Ambivalenzen und Widersprüchlichkeiten und eine sich selbst immer wieder neu bestätigende Zirkelargumentation aus.

Andersherum aber existiert diese Äußerung nicht: Zu der Bekämpfung von genderbezogenen Lohnunterschieden wird nie angemerkt, dass ihre Abschaffung ja offenbar nichts bringen würde, da die sprachliche Diskriminierung ja immer noch da sei. Eine solche Argumentation würde den meisten absurd anmuten – die Umkehrung aber, dass eine Sprachveränderung gleichzeitig alles bewirken müsste, nicht.

Hinter solchen Äußerungen könnte die Hoffnung stehen, dass es zwar schön wäre, es gäbe keine Diskriminierung, dass es aber nicht sein könne, dass sich das eigene Leben, das eigene Handeln (inklusive Sprachhandeln) und die eigene Wahrnehmung dafür verändern müsse. Keine Person solle diskriminiert sein, na klar. Aber einfach nur political correct zu sein sei ja nun wirklich nicht der Weg dazu. Überhaupt solle sich dafür nichts am eigenen Verhalten ändern müssen. Dieses Argument würde sich also einreihen in den häufig zu hörenden Topos »Was kann ich schon machen? Das bringt doch sowieso alles gar nichts!« Vielleicht sind diese abwehrenden Äußerungen also auch Ausdruck dessen, dass Menschen wissen oder spüren, dass es größerer Änderungen nicht nur in globaler finanzieller und ressourcenmäßiger Verteilung bedarf, sondern auch und damit verbunden im eigenen Handeln – und dass durch diese Äußerungen unbewusst zum Ausdruck gebracht wird, dass Menschen genau diesen Schritt und diese Option scheuen.

Gleichzeitig wird in diesen abwehrenden Äußerungen an der in diesem Buch vielfach angesprochenen Trennung zwischen Wirklichkeit und Sprache festgehalten: Sprache sei ein nachgeordnetes Medium und nur eine Veränderung der Wirklichkeit würde auch eine veränderte Sprache nach sich ziehen. Hier wird also die große Macht, die sprachliche Handlungen für die Wahrnehmung und Konstruktion von Wirklichkeit haben, infrage gestellt bzw. verworfen. Menschen, die diskriminierungskritisch sprachhandeln, gehen genau vom Gegenteil aus: Sprache ist eine wirklichkeitsformende Handlung. Dies ist für mich treffend und prägnant in dem Zitat von Toni Morrison aus der Literatur-Nobelpreisrede in Stockholm 1993 ausgedrückt:

> ***»Oppressive language does more than represent violence; it is violence; does more than represent the limits of knowledge; it limits knowledge.«***

Dieses Zitat bringt auf den Punkt, dass Sprache kein schmückendes Beiwerk ist, sondern ganz grundlegend für unser Sein in Welt, unsere Wahrnehmung, unser Verstehen von uns selbst und der Welt. Sprache ist kein Repräsentationsmedium, sondern eine Handlungsmöglichkeit, die respekt- oder gewaltvoll sein kann und auf diese Weise die Wirklichkeit respekt- oder gewaltvoll gestaltet.

Vielleicht auch stehen hinter solchen Äußerungen Ängste, dass Sprachveränderungen sowas wie eine äußere Hülle sind, die letztendlich nur verdecken würde, dass die Diskriminierung dahinter genauso weiterläuft. Bei diskriminierungskritischen Sprachveränderungen geht es jedoch nicht darum, Diskriminierung zu verdecken. Im Gegenteil: Meist geht es darum, auf Diskriminierung und normalisierte Privilegien hinzuweisen. Eine veränderte sprachliche Darstellung ermöglicht auch eine veränderte Wirklichkeitswahrnehmung. Und nur dadurch und damit sind weitere soziale gesellschaftliche Veränderungen möglich. Oder andersherum gesagt: Es gibt keine Diskriminierungsfreiheit, ohne eine Veränderung von sprachlicher Diskriminierung. Die obigen Aussagen verkennen also, wie eng sprachliche Kategorien und Darstellungen mit der Sicht auf Wirklichkeit verbunden sind.

Mögliche Gesprächsangebote:

»Oh ja, ich teile deinen Ärger darüber, dass es trotz allen Bewusstseins, allen Gesetzen, Förderungen und medialen Thematisierungen doch immer noch so viel Diskriminierung gibt! Mein Weg darin aktiv handelnd zu bleiben sind Sprachveränderungen. Wie gehst du damit um/was sind Strategien, die du anwendest, um dagegen zu kämpfen?«

»Hast du Bedenken, dass Sprachveränderungen nur sowas wie eine Äußerlichkeit sind, die nicht wirklich etwas verändert? Hast du Angst, dass diskriminierungskritische Sprachveränderungen dadurch genau die umgekehrten Effekte haben könnten? Magst du mehr dazu hören, warum ich diskriminierungskritische Sprachveränderungen unerlässlich für soziale Veränderungen finde?«

»DA SAGST DU, DAS REDEN ÜBER HAUTFARBEN SEI RASSISTISCH, ABER BEZEICHNEST DICH SELBST ALS SCHWARZ. DAS IST JA VOLL ESSENTIALISIEREND!«

Hier bespreche ich Äußerungen, die empowernde anti-diskriminierende Selbstbenennungen als essentialisierende Identitätspolitiken abtun. Ähnliche Aussagen sind:

»Du sagst, dass es Geschlecht gar nicht gibt, dabei redet ihr doch immer von Gender und dem ganzen Kram, während das für mich überhaupt gar nicht so eine Rolle spielt unabhängig davon, wie ich spreche.«

In diesen Äußerungen wird Sprachaktivistens unterstellt, dass sie essentialisierend wären und soziale Unterschiede immer nur weiter zementieren würden. Es wird hier nicht differenziert zwischen einem diskriminierenden, zuschreibenden und stereotypisierenden Sprachgebrauch auf der einen Seite und auf der anderen Seite durch einen reclaimenden, strategischen Sprachgebrauch Diskriminierter. Diskriminierende Begriffe zu reclaimen ist schon immer eine wichtige Strategie von Diskriminierten gewesen, um nicht die mit den diskriminierenden Begriffen verbundenen negativen Vorstellungen kontinuierlich zu re_produzieren. Eine Strategie ist es, die Begriffe zu vermeiden, eine andere ist es, neue Begriffe zu prägen. Von der allgemeinen Öffentlichkeit negativ besetzte Begriffe zu reclaimen ist eine zentrale sprachpolitische Handlungsweise, die sowohl die Norm in Frage stellt als auch die Deutungsmacht positioniert selbst übernimmt. »We are here! We are queer!« Auf diese Weise wird die machtvolle Gruppe in der Gesellschaft in ihre Deutungsschranken verwiesen. Zugleich sind diese Äußerungen nicht essentialisierend, sondern strategisch. Dies ist ein entscheidender Unterschied. So können sich durch Genderismus diskriminierte Menschen strategisch als Frauen benennen, ohne damit biologistische Vorstellungen von Frau-Sein aufzurufen oder sich auf diese zu beziehen – ganz im Gegenteil.

Was gibt es hierzu noch zu sagen?

Mit diesen abwehrenden Äußerungen stellen sich die Äußernden als schlauer her als die Personen, die diskriminierungskritische Benennungen für sich und andere einfordern. Sie argumentieren ausgehend von einem Logik-Prinzip, in dem weder die Geschichte eines Begriffs noch die Positionierung der Äußernden als relevant erachtet werden. In der Regel werden solche Äußerungen von Menschen gemacht, die in Abwehr verharren und hier diese Logik-Argumentationen vor sich herschieben, um nicht wirklich inhaltlich einsteigen und nachdenken zu müssen.

Mögliche Gesprächsangebote:

»Ich höre, dass du den Begriff queer als negativen Begriff hörst bzw. als Übernahme des negativ zuschreibenden Begriffs. Für mich ist dies ein machtvolles Reclaimen und ein Ablegen einer negativen Zuschreibung, die gerade darin besteht, dass ich den Begriff für mich selbst verwende – und zwar in positiver Weise. Kannst du das nachvollziehen und hören, was der Unterschied für mich ist?«

»Schwarz ist eine strategische politische Benennung einer diskriminierungskritischen Verortung zu Rassismus. Das wird auch dadurch deutlich, dass im Schriftlichen »Schwarz« groß geschrieben wird und »weiß« klein und das ›w‹ kursiv. Denn die beiden Begriffe sind auf verschiedenen Ebenen der Deutung und Bedeutung. Weiß ist eine analytische Kategorie zu einer privilegierten Position in der Gesellschaft und sollte – wenn es gut geht – keine positive Selbstbenennung sein. Schwarz ist eine positive Selbstbenennung, die die jahrhundertelange rassistische Fremdbenennung sich rückaneignet.«

»ALSO, DAS WORT KOMMT AUS DEM LATEINISCHEN/GRIECHISCHEN UND BEDEUTET EIGENTLICH (JA NUR) …, IST ALSO GAR NICHT DISKRIMINIEREND!«

In diesem Absatz bespreche ich solche abwehrenden Äußerungen, die sich im weitesten Sinne auf die Geschichte eines Begriffs und seiner Bedeutung beziehen. Sie können auch als sprachhistorisierende oder etymologisierende Argumente bezeichnet werden. Weitere solcher abwehrenden Äußerungen wären:

»Im Althochdeutschen war das Wort … ein neutraler Begriff – darauf beziehe ich mich und die heutigen Debatten übertreiben maßlos und missachten die Sprachgeschichte des Wortes!«

»›Man‹ kommt gar nicht von Mann, sondern von Mensch im Mittelhochdeutschen. Das ist also absurd, das heute verändern zu wollen!«

In Äußerungen, die sich auf eine vermeintliche Sprachgeschichte beziehen, wird so gemacht, als gäbe es eine klare und über Zeit stabile Bedeutung von Worten, die auch für heute noch gelte. Diese Bedeutung sei irgendwo in der Geschichte festgelegt, zeitlich und auch räumlich häufig weit weg. Diese Bedeutung sei eindeutig und stabil und deshalb auch heute noch relevant und richtungsweisend.

Geschichte wird hier zudem als klar in ihrer Linearität und ihrem Bezug angenommen.

Was ist sonst noch dazu zu sagen?

Bedeutungen sind abhängig von den Kontexten und Personen, die etwas äußern. Bedeutungen von Sprache sind nicht stabil, sie verändern sich kontinuierlich. Es gibt weder eine eindeutige und ursprüngliche und ›richtige‹ Bedeutung, noch ist es eigentlich klar, was denn der Ursprung einer Wortbedeutung überhaupt sein könnte. Etwas als Ursprung einer Bedeutung herzustellen, ist ein machtvoller Prozess der Fokussierung auf bestimmte Gebrauchsweisen und des Ausschlusses oder der Ignorierung anderer Gebrauchsweisen. Das, was in einem einsprachigen Wörterbuch oder in einem Lexikon oder auf einer Webseite als Ursprung oder Quelle einer Wortbedeutung und als heutige Bedeutung steht, ist vor allem eine machtvolle Autorisierung eines bestimmten Sprachgebrauchs von früher und von heute. Daraus entsteht dann eine machtvolle Sprachnorm, die im Wörterbuch re_produziert wird. Bestimmte Gebrauchsweisen werden auf diese Weise wortwörtlich festgeschrieben in Wörterbüchern. So ist es Teil heutiger deutscher konservativer Sprachkultur, Ursprünge von bestimmten Wortbedeutungen auf das Lateinische und Griechische zurückzubeziehen. Und selbst nur bezogen auf diese Herkunftslogik ist das, was wir heute über den Gebrauch von Wörtern im Griechischen oder Lateinischen vor Jahrhunderten wissen, das Wissen um eine sehr privilegierte schriftsprachliche kleine Gruppe dieser Zeit – und kein allgemeiner Sprachgebrauch. Es wird also mit einem solchen sprachgeschichtlichen

Bedeutungsbezug eine bestimmte herrschende Auffassung von Bedeutung immer weiter fortgeschrieben. Zugleich wird so eine kulturelle Verbindung zu einer bestimmten Sprachkultur vollzogen und zu anderen nicht.

Ob eine bestimmte Sprachform in einer sehr privilegierten Variante im Altgriechischen beispielsweise gar nicht diskriminierend gewesen ist, ist darüber hinaus eine heute gar nicht mehr zu klärende Frage, sodas ein Bezug auf die vorgeblich wertneutrale Bedeutung eines Wortes in einer früheren Zeitperiode auch ein fragwürdiges Gedankenspiel ist, welches gar nicht nachweisbar oder belegbar ist.

Auch wenn, theoretisch, irgendein Wort irgendwann anders mal nicht diskriminierend benutzt worden ist, heißt das gleichzeitig nicht, dass es nicht heute diskriminierend verwendet werden kann. Diese abwehrende Argumentation macht also so, als wäre Bedeutung über Zeit hinweg konstant in Wörter eingeschrieben. Das widerspricht allen Gebrauchsweisen und Konventionen dazu, wie sprachliche Handlungen funktionieren.

Sprache ist dynamisch und verändert sich kontinuierlich sowohl in der Form, also der Frage welche Wörter es gibt und welche grammatischen Formen sie haben (ob es Fälle wie Dativ und Genitiv gibt zum Beispiel, starke oder schwache Verben, Groß- oder Kleinschreibung), als auch in der inhaltlichen Belegung ebendieser Wörter.

Allein das Wort Kartoffel zeigt, dass es viele verschiedene Gebrauchsweisen und damit Bedeutungen haben kann.

Es kann heute eine Pflanze oder ein Nahrungsmittel meinen.

Es kann aber auch eine kritische Benennung einer *weißen* deutschen Person sein.

Bedeutungen sind abhängig von Äußerungssituationen, Kontexten und von der Zeit, in der sie gebraucht werden. Deshalb kann es auch nicht die immer gültigen Regeln zu einzelnen Wörtern geben, die dann einfach gelernt und immer befolgt werden könnten. Denn auch die Weise, wie Diskriminierung sich über Sprache realisiert, ist dynamisch und kann sich kontinuierlich ändern. Die einzige mögliche Regel ist auch hier:

Respektvoll sprachhandeln.

Das umfasst auch das achtsame immer wieder neue Lernen, Hinhören, sich Austauschen, das Nicht-fertig-Sein mit der eigenen Sprache. Es bedeutet, Sprache als ein dynamisches Kommunikationsmittel zu verstehen, welches im Fluss ist und sich den eigenen Bedürfnissen ebenso anpasst, wie du durch deine Sprachverwendungen diesen Fluss mit leiten und bestimmen kannst.

Aus Äußerungen, die also den Wunsch nach Stabilität über eine Kontinuität zu einer gedachten Sprachgeschichte aufrufen und sich auf diese als Instanz und Autorität beziehen, könnte eine Verunsicherung sprechen: durch sich verändernde Genderrollen; durch eine stärkere Debatte in der Öffentlichkeit um Rassismus und Kolonialismus; durch eine höhere allgemeine Sensibilität zu Diskriminierung und wie diese verändert werden könnte. Menschen, die umfassend privilegiert sind, haben gerade über ihren Sprachgebrauch noch nicht viel nachdenken müssen, sondern konnten Sprache als ein unhinterfragtes, für sich selbst neutrales Ausdrucksmedium verstehen. Sie fühlen sich vielleicht persönlich angegriffen, wenn ihr bis dahin weitgehend unbewusster, automatisierter Sprachgebrauch hinterfragt wird. Dann versuchen sie vielleicht durch die Bezugnahme auf Sprachgeschichte sich eine eigene Geschichte und Kontinuität zu geben. Sie versuchen so eventuell, sich selbst als neutral zu bestätigen, ihren eigenen Sprachgebrauch als stabil, nachvollziehbar, neutral und unschuldig zu legitimieren. Wenn Menschen sich persönlich angegriffen fühlen und nicht wirklich das Gefühl haben, gehandelt zu haben, sondern eher automatisiert zu sprechen, fangen sie häufiger an, sich zu rechtfertigen. Dies kann über einen Bezug auf die Sprachgeschichte der Fall sein.

Mögliche Gesprächsangebote:

»Du beziehst dich in deiner Aussage auf eine bestimmte Zeit und bestimmte Quellen, die weit weg sind von unserem Hier und Jetzt. Was ich mit dir teile, ist mein Wunsch Hier und Jetzt in diesem Kontext in Sprache anwesend zu sein und möglichst wenig Gewalt damit auszuüben. Referenzen auf frühere Zeiten sind für mich da nicht relevant: Jetzt und hier erlebe ich diese Wörter/Äußerungen als diskriminierend. Es reicht mir, dass ich in dieser Sprache, wie sie heute angewendet wird, nicht vorkomme. Es reicht mir, zu hören von Menschen, dass die sich durch diese Sprache, die ich lange nutzte, diskriminiert fühlen.«

»Ich höre, dass du dich mit einem bestimmten sprachhistorischen Aspekt zu diesem Begriff auseinandergesetzt hast. Doch finde ich es schwierig auf dieser Ebene mit dir zu diskutieren. Denn mir geht es nicht um frühere Zeiten oder richtig und falsch aus einer sprachhistorischen Perspektive. Mir geht es darum, hier und jetzt mit dir zu teilen, was ich brauche, um in unserem Kontakt anwesend zu sein und mich gemeint zu fühlen.«

ZU GUTER LETZT: ÄUSSERUNGEN, DIE KEINE MEINUNGEN, SONDERN GEWALT SIND

Wie schon am Beginn dieses Teils gehe ich jetzt hier noch mal auf Äußerungen ein, die ich schon nicht mal als abwehrende Äußerungen verstehe, sondern als Gewalt. Wie schon zu Beginn geschrieben:

> Bei Gewalt gilt: die Situation selbstsorgend zu verlassen. Mit Gewalt lässt sich nicht gewaltfrei kommunizieren. Eine verbundene, respektvolle Kommunikation ist in solchen Fällen und in diesen Momenten nicht möglich, glaube ich.

Gewaltvolle Äußerungen sprechen Menschen ihre Selbstbestimmung ab, ihren Verstand, ihre Autorität, über ihren eigenen Sprachgebrauch zu bestimmen. Gewaltvolle Äußerungen basieren auf Drohungen, postulieren negative Bewertungen des Gegenübers, stellen die Person und ihre Fähigkeit zu denken grundsätzlich in Frage. Zu diesen Äußerungen gehören die folgenden (die ich aus Mails an mich entnommen habe):

»Das ist ja irre! Ich schicke dir eine Liste mit Psychiatrien in deiner Nähe, die freuen sich dich aufzunehmen!«

»Wann bist du weggelaufen aus dem Irrenhaus/Knast?«

»Wer hat dich denn aus der Klapse/dem Knast entlassen?«

»Gott wird dich strafen!«

»Hör auf unsere Sprache zu beschädigen, sonst beschädigen wir dich!«

Mit diesen Äußerungen wird Gewalt ausgeübt. Menschen wird ihr sprachliches Selbstbestimmungsrecht abgesprochen. Sie werden als gefährlich oder kriminell wahrgenommen. Sie werden als so bedrohlich erlebt mit ihrer sprachlichen Autonomie, ihrer sprachlichen Kreativität, ihrem diskriminierungskritischen Sprachaktivismus und ihren sprachlichen Wünschen, dass den Sich-so-Äußernden nichts anderes einfällt, als die Menschen wegsperren zu wollen. Interessanterweise wird hier ein rigides und sehr konservatives Verständnis von Psychiatrien und Gefängnissen als Institutionen vertreten, die vor allem dem Ausschließen und Wegsperren von Menschen dienen. Auch diese Äußerungen sind Projektionen, in denen die durch diskriminierungskritische Sprachveränderungen herausgeforderten entnannten Normalitäten noch mal vehement vertreten werden –

und diejenigen, die dagegen aufbegehren, als so gefährlich für die unbenannte Allgemeinheit hergestellt werden, dass sie weggesperrt und verschwinden sollen. Damit beziehen sich die Personen mit dem Bezug auf Psychiatrien/Psychopathologisierung und Gefängnis/Kriminalisierung auf zwei Systeme, welche eine lange Geschichte darin haben, widerständige Positionen zu untergraben und wegzusperren.

Ein Kommunizieren ist in diesen Fällen nicht möglich, da die äußernde Person zuschreibende, gewaltvolle Äußerungen tätigt, die nicht auf Interesse, Neugier, Offenheit oder gar ein Reflektieren eigener Gefühle von Wut, Überforderung, Angst oder Ähnlichem schließen lassen. Da es sich nicht um Kommunikationsangebote, sondern um gewaltvolle Zuschreibungen handelt, würde ich das Reden und Schreiben in diesen Fällen sein lassen. Dies ist eine respektvollere Form des Kommunizierens als jegliches Eintreten in verbale Praktiken, die Gewalt aufrufen und normalisieren.

Ähnlich, wenn auch in abgeschwächter Form, funktionieren Äußerungen, die wissentlich eigentlich unlogische Analogieschlüsse machen oder diskriminierungskritische Sprachveränderungen übertreiben, um sie auf diese Weise ad absurdum zu führen. Sie versuchen durch vorgeblichen Humor, diskriminierungskritische Sprachveränderungen ins Lächerliche zu ziehen – und auf diese Weise, die Menschen, die Sprache diskriminierungskritisch verändern, lächerlich zu machen.

Dazu gehören Äußerungen wie die folgenden:

»Die genderneutrale Form von ›der Tisch‹ wäre also dens Tischens.«
»Liebe Leute, liebe Leutinnen, liebe Laternen und liebe Lastwagen.«
»Liebe Leute, liebe Leutinnen, liebes Geläute, liebes Gelaber, liebe Un- und Andersgelagerte.«
Diese Äußerungen sind keine Argumente, sondern Abwehr, die auf Lacher abzielt und auf diese Weise das diskriminierungskritische Anliegen an sich lächerlich machen will. Ein Eingehen auf solche abwehrenden Äußerungen würde ihnen überhaupt erst eine Gültigkeit geben und so machen, als wären diese absurden Übertreibungen argumentativ diskutierbar. Darum geht es den Äußernden jedoch gar nicht. Diese Äußerungen zeugen nicht von Respekt, Neugier, Interesse und Offenheit. Entsprechend sind sie kein Kommunikationsangebot oder auch nur -beitrag.

Mögliche Umgangsstrategien:
Sich aus einer solchen gewaltvollen Gesprächssituationen heraus zu nehmen und, falls dies nicht möglich ist, das Thema zu wechseln kann auch mit einer expliziten Distanzierung von dem Gesagten passieren:

»Ich finde das, was du gesagt hast, verletzend und respektlos. Ich möchte an diesem Punkt nicht weiter mit dir darüber diskutieren.«
»Das, was du sagst, teile ich nicht und finde ich beschädigend/nicht lustig. Ich möchte mich dem nicht

weiter aussetzen und ziehe mich deshalb aus der Situation zurück.«

Wie schon geschrieben, sind solche Äußerungen keine Meinungen und keine Kommunikationsangebote. Sie sind Gewalt. Mit Gewalt kann nicht kommuniziert werden. Vor Gewalt können Menschen sich schützen. Das heißt in diesem Fall, die Kommunikation nicht zu versuchen. Gewalt ist keine Form der Kommunikation. Nicht eintreten in die angebotenen Gewaltspiralen von Zuschreibungen, Übertreibungen, Pseudo-Logik-Argumenten. Stattdessen: Aus der Gewaltspirale austreten, indem Gewalt als Gewalt wahrgenommen wird. Sich der Gewalt entziehen. Sich um sich selbst sorgen. Mit sich selbst kommunizieren und die Zuschreibungen und Anwürfe nicht annehmen.

★ Und weil das so wichtig und brisant ist, noch mal ein Angebot für eine Körperübung

Kehre in dich.

Denke an eine Situation, in der du dich mit dir selbst und mit dir alleine ganz und gar wohl, ganz friedlich, ganz selig gefühlt hast. Es kann ein kleiner Moment gewesen sein – du hörst ein Musikstück oder denkst an zwei Zeilen aus einem Gedicht. Es kann eine Wanderung gewesen sein oder das Eintauchen in das

sonnenglitzernde Wasser des Freibads. Es kann der Geschmack von Pflaumenpfannkuchen sein oder das erste bewusste Atmen, wenn du morgens nach draussen gehst. Was auch immer – verbinde dich mit diesem wohlig-friedlichen Selbstmoment.

Atme tief ein und aus.

Spüre, wo dieser Moment in dir Raum einnimmt, Licht, Wärme, Leuchten …

Atme dorthin, spüre die Schönheit.

Weiß: sie ist da, in dir.

Atme noch zweimal tief ein und aus und komme dann zurück zu diesem Text.

Nach dieser Sammlung von abwehrenden Äußerungen, ihren möglichen Motivationen und einem Darstellen von potentiellen Gesprächsangeboten dazu folgt nun im abschließenden Teil 4 noch mal eine größere Kontextualisierung diskriminierungskritischer Sprachhandlungen als Teil einer respektvollen und verbundenen Grundhaltung.

TEIL 4

Die Erde brennt – und hier geht's um diskriminierungskritische Sprachveränderungen?

NOCH MAL MEHR ARGUMENTE ZUM SPRACHHALTUNG ZEIGEN

Puh, das ist alles ganz schön viel bis hierhin! So viele Argumente, so viel Abwehr, so viele heftige Emotionen, so viele Zweifel von innen und außen und so viele Herausforderungen an die eigene Sprachhaltung vielleicht. So viel Frust, so viel Nähe zur Bitterkeit, vielleicht etwas Wut. Soviel Einsamkeit und Selbstisolierung, so viel Unverständnis und Ablehnung.

Und was bringt es überhaupt? Warum sich über Sprache und Diskriminierung Gedanken machen, wenn doch gleichzeitig viele Teile der Erde – im wörtlichen wie im übertragenen Sinne – durch Klima bedingte Hitzewellen, Dürren und Waldbrände (ver)brennen, und viele andere Regionen gleichzeitig durch das Abschmelzen der Pole und dem Abtauen zahlreicher Gletscher überschwemmt werden?

DISKRIMINIERUNGSKRITIK JENSEITS VON MENSCHEN DENKEN

Gibt es also nicht wirklich größere und schwerwiegendere Probleme als sich mit diskriminierungskritischen Sprachveränderungen herumzuschlagen?

Nein, denn das eine ist ohne das andere nicht zu haben. Diskriminierungskritische Sprachveränderungen sind ein Baustein zu einem respektvollen Leben. Zu einem umfassend respektvollen anwesenden Sein in Welt.

Sprachhaltung zeigen heißt für mich, den Normalitäten, die sich durch jegliche Formen unüberlegten Sprachhandelns in mein Leben einschreiben, skeptisch zu begegnen.

Warum kann es überhaupt zu der Idee kommen, dass Sprachformen, die ganz konkret Männer meinen auch gleichzeitig allgemeinmenschlich sein könnten? Wie kann es zu einer solchen Vorstellung kommen? Die sich über Jahrhunderte mittlerweile festsetzt im allgemeinen Sprachgebrauch und in den Köpfen? Die unmerkbar eine Hierarchie kreiert von einigen Menschen über allen anderen? Das ist nur möglich, wenn es eine Ideologie gibt, die so unmerkbar sich normalisiert hat in den allgemeinen Vorstellungen, dass sie gar nicht mehr als Ideologie benennbar ist. Es handelt sich um eine patriarchale Menschen- und Gesellschaftsvorstellung, die sich so normalisiert hat. Und die eigentlich skandalisiert werden müsste.

Zu glauben, die Verhältnisse könnten gleich bleiben und Diskriminierung trotzdem abgeschafft, ist wie die Annahme, wir könnten mit dem westlichen Lebensstil so fortfahren und trotzdem die Welt vor dem Klimakollaps retten. Das Problem liegt in der grundlegend gewaltvollen Struktur, in der wir leben und die wir durch unser Leben immer wieder neu bestätigen und neu installieren. Genauso wenig, wie es eine grundlegende Veränderung der Diskriminierungsstrukturen geben kann, die das Leben von Menschen miteinander betrifft, die nicht auch genau diese grundlegenden Ebenen von Rassismus, Genderismus und BeHindert-Werden betrachtet, kann es keine ökologisch nachhaltige Veränderung des menschlichen Lebens geben, die in der kapitalistischen Idee fortwährenden Wirtschaftswachstums verbleibt. Kapitalismus und strukturelle Diskriminierung gehören eng zusammen. Das eine ist nicht ohne das andere veränderbar.

Strukturelle Diskriminierung betrifft nicht nur Menschen unter- und miteinander, sondern ebenso die Vorstellung, dass wir Menschen über allem anderen stünden, dass wir alles beherrschten, das Universum kreise um uns wir seien im Mittelpunkt. Und die Vorstellung, dass wir doch einfach alles nehmen könnten, überall hintreten könnten, alles nutzen könnten und dass alles – Bäume, Tiere, Böden und Erdschätze – nur für uns da seien und von uns hemmungslos und grenzenlos genutzt werden könnten.

Sprachhaltung zeigen heißt also auch: Sich von der Idee »Menschen über alles« zu verabschieden. Sich nicht einfügen in oder zufrieden geben mit der kapitalistischen Idee von Ego-Fixierung durch Hyper-Individualität und Konzentrierung auf den eigenen Konsum und die eigene Bequemlichkeit – »koste es, was es wolle«.

WARUM EINE DISKRIMINIERUNGSKRITISCHE SPRACHHALTUNG AUCH ANTI-KAPITALISTISCH IST

Wie kann es dazu kommen, dass wir Menschen in westlichen kapitalistischen Prägungen uns als Krone der Schöpfung oder wahlweise der Welt wahrnehmen? Dass wir maximal Umwelt*schutz* betreiben aber uns nicht als Teil dieser Welt verstehen, die wir nicht beherrschen können und auch nicht sollten? Wie kann es dazu kommen, dass eine solche menschliche Selbstüberschätzung und Überheblichkeit nicht skandalisiert ist, sondern immer noch diese Haltung vorherrscht, dass wir Menschen schon alles in der Hand haben, alles richten, alles sich nur nach uns ausrichten sollte?

Auch diese menschliche Selbst- und Weltwahrnehmung findet sich in Grammatiken von Sprachen eingeschrieben, wie Robin Wall Kimmerer in dem Essay »Die Grammatik der Lebendigkeit« (erschienen 2021 bei w_orten & meer) eindrücklich aufzeigt.

Immer wenn die menschliche Vormachtstellung und die Unumgehbar von Kapitalismus als System als gesetzt wirkt, unhinterfragbar, unaussprechlich, dann könnte es sein, dass sich darin bestimmte soziale Verhältnisse verfestigen und normalisieren, die auf diese Weise immer weniger ansprechbar und damit veränderbar erscheinen. Und alles das wird vor allem auch über sprachliche Handlungen die ganze Zeit verfestigt, vollzogen, weiter verfestigt, unmerkbar und unveränderbar gemacht.

Sprachlich bewusst zu handeln und die Normalitäten des eigenen Sprechens zu hinterfragen, kann ein wichtiger Hebel sein aus gewaltvollen Normalitäten auszusteigen.

Sprachliche Gewaltmuster zu hinterfragen bedeutet: Sprachhaltung zu zeigen, nicht einfach vorgegebenen Mustern nachzuplappern und Grammatik als neutral anzusehen. Dies ist ein wichtiger Baustein zu einer diskriminierungskritischen friedlichen Welt.

Eine solche Sprachhaltung sich zuzulegen heißt für mich: aufmerksam zu bleiben. Kritisch gegen alle Allgemeinplätze, Verallgemeinerungen, monokausalen Erklärungen, einseitigen Anschuldigungen, Pauschalisierungen, binären Logiken von richtig und falsch, gut und böse. Alles das drückt sich sprachlich aus. Alles das kann über das eigene sprachliche Handeln verändert werden. Sprachhaltung zu zeigen heißt also, sich nicht zu gewöhnen an sprachliche Ausdrucksweisen und Verhältnisse, sich nicht zu gewöhnen an Gewalt, Leid, gewaltvolle Darstellungen oder Darstellungen, die Gewalt ungreifbar machen, wegnennen. Sich nicht zu gewöhnen, sondern immer wieder neu um sprachliche Annäherungen zu ringen, die das eigene Denken, die eigenen Vorstellungen öffnen.

Sprachhaltung zu zeigen bedeutet auch wegzukommen von der Idee, dass Diskriminierung und Gewalt ausschließlich etwas ist, was zwischen Menschen stattfindet. Sich zu öffnen zu der Möglichkeit, dass Gewalt auch von Menschen gegenüber allem Lebendigem praktiziert wird. Dies als Diskriminierung zu benennen, wirkt in der momentanen alltäglichen Vorstellung meistens noch so absurd, dass die massive Diskriminierung von Natur und Lebendigem durch Menschen nicht als solche benannt und dadurch viel einfacher runtergespielt werden kann.

Letztendlich ist jedes Diskriminieren ein Sich-Abtrennen von Verbundenheit mit allem Lebendigem. Ein Sich-Abtrennen mit der Verbundenheit, die dein Leben ganz konkret mit allem anderen Lebendigen hat, ohne die es nicht sein könnte, ohne die du nicht atmen, nicht dich versorgen, nicht leben könntest. Zu diskriminieren ist also immer auch ein Sich-Trennen von der eigenen verbundenen Lebendigkeit.

Vielleicht, um keine Verantwortung zu spüren. Vielleicht, um keinen Schmerz zu spüren, keine Trauer. Vielleicht, um der Illusion eines unbeschwerten, befreiten Lebens anzuhängen, in der du hoffst, über Konsum Glück empfinden zu können. Vielleicht, weil du meinst, dass du alles kontrollieren, alles beherrschen musst. Vielleicht, weil du viel Sicherheit willst in deinem Leben und dies glaubst über

Abschottung, Abtrennung, über Grenzsetzungen, Richtig-Falsch- und Gut-Böse-Logiken erreichen zu können. Vielleicht, weil du dich unsicher fühlst, Angst hast, verunsichert bist, dich bedroht fühlst. Vielleicht, weil du die Bedrohung, die du für das Leben anderer Menschen und anderem Lebendigen darstellst, auf diese Weise auf andere projizierst.

Viele Menschen in Westeuropa wissen auf irgendeiner Ebene um die Zusammenhänge ihres Lebens mit dem Leben der Erde und aller anderen Lebewesen, wissen darum, dass es kein isoliertes Leben gibt – und versuchen doch, sich genau so zu verhalten, als wäre genau ihr Leben isolierbar, abtrennbar, da es durch das Leben anderer bedroht sei – durch das Leben der Menschen, die fliehen müssen; durch das Leben der Menschen, die durch schlechte Bezahlung oder ohne Arbeit und ohne Ausbildungsmöglichkeit in großer Abhängigkeit leben müssen, auch in diesem Land; bedroht auch dadurch, dass sie glauben, dass finanzieller Reichtum sie glücklich machen könne, und der finanzielle Reichtum nie reiche; bedroht durch Natur, die als zu wild, zu ungebändigt und zu gefährlich hergestellt wird: Orkane und Hitzewellen, Wölfe, die vereinzelt in ihre Lebensräume zurückkommen; Schlangen, Spinnen und Pflanzen, die Menschen aus ihren Lebensräumen verbannt haben, aus Angst dass sie sie vergiften könnten; steigenden Meeresspiegel und Stürme. Und alles das wird durch immer höhere innere und äußere Mauern versucht von allen Bedrohungen abzugrenzen. Himmel ist nicht eingrenzbar, Luft nicht. Meere sind nicht umleitbar. Die Grenzen, die Menschen versuchen zu ziehen, erhöhen nur die Bedrohung, die durch ein Kappen von Verbindungen entstehen, was die Mauern weiter verstärkt. Und so wird das Gefühl der Bedrohung immer weiter zunehmen. Insbesondere privilegierte Menschen trennen sich so immer weiter ab von ihren Verbindungen mit anderen und allem Lebendigen – Verbindungen, die so oder so da sind, aber nicht mehr gespürt werden können. Die überlagert sind von kapitalistischen Logiken von Egozentrismus und kapitalistischen Bedürfnisschaffungen, die letztendlich diese fehlende Verbindung immer nur durch Pseudo-Nähen und -Befriedigungen kurzfristig versuchen zu stillen – um so wieder neue kapitalisierbare Bedürfnisse zu schaffen.

Die Abwehr gegen alles, was wirkliche nachhaltige und spürbare Verbindungen herstellen könnte, ist auch eine Abwehr im eigenen Inneren, im eigenen Denken und Vorstellen, im eigenen möglichen Handeln hin zu einer verbundeneren Form des Lebendig-Seins. Dies genau ist in einem kapitalistischen System nicht vorgesehen, denn dies genau würde dir ganz neue handlungsleitende Ideen, Wünsche und Bedürfnisse geben, in der der finanzielle Reichtum einzelner Menschen und Staaten nicht mehr erstrebenswert wäre.

Kapitalismus schafft Trennungen. Eine grundlegende verbindende Haltung geht deshalb immer einher mit einer Ent-Kapitalisierung deiner Vorstellungen.

WELCHE ROLLE SPIELT DISKRIMINIERUNGS-KRITISCHES SPRECHEN ÜBERHAUPT NOCH IN DER MOMENTANEN KLIMA-, FLUCHT- UND ARTEN-STERBEN-SITUATION AUF DER WELT?

Ein verändertes Sprechen und Schreiben ist ein wichtiges Element, kapitalistische Normen im eigenen sozialen Handeln und Wahrnehmen zu entnormalisieren. Dazu gehört eine Skepsis zu allen sprachlich getragenen Normalisierungen. Mögliche Fragen hierzu sind:

- Was ist ein Subjekt, was ein Objekt, was eine Handlung?
- Warum gibt es nur zweigendernde Pronomina im Deutschen?
- Warum sind Namen in weiblich und männlich aufgeteilt?
- Was wird unter Familie verstanden?
- Wie wird Gewalt benannt oder nicht benannt?

Darüber hinaus ist es ein weiterer Baustein einer Kapitalismus entnormalisierenden Sprache, neu über das eigene Kommunizieren nachzudenken und dieses, wie die eigene Sprachhaltung, von Respekt und einer umfassenden Verbindung mit allem Lebendigen bestimmen zu lassen.

UMFASSEND VERBUNDEN RESPEKTVOLL KOMMUNIZIEREN

Respektvolles Kommunizieren ist von der Grundidee der Verbundenheit mit allem Lebendigen getragen und versucht diese umzusetzen. Alles ist nach Robin Wall Kimmerer lebendig, außer dem, was Menschen geschaffen haben. Das heißt, dass auch Flüsse und Berge, Wolken und Regen lebendig sind.

> **Respektvoll zu kommunizieren bedeutet bezogen auf dich selbst: dir mit aller dieser potentiellen Verbundenheit auch selbst Respekt entgegenzubringen. Dich mit dir selber als Teil von allem Lebendigen zu verbinden. Dich zu öffnen hin zu dieser Vielschichtigkeit des eigenen Seins. Verbunden mit allem Lebendigen zu kommunizieren ist Teil davon, Respekt zu einem Lebensmodell zu machen.**

Ein wichtiger alltagspraktischer Teil davon ist es, anzufangen kapitalistischen Normen zu entsagen – in der eigenen Haltung und dem eigenen Sein und auch im Kommunizieren. Dich immer mehr und immer wieder neu loszulösen von Normalitäten von Ausdrucksweisen, Kommunikationsformen und Begrifflichkeiten, die dich abtrennen und in der Abtrennung ängstlich, bedroht und einsam machen. Diskriminierende Begrifflichkeiten loszulassen und damit zu beginnen, andere Wörter zu benutzen, neue Wörter zu gestalten und dabei zu bleiben, auch wenn es viel Abwehr gibt, ist letztendlich ein erster Schritt in diese Bewegung hinein.

Und gleichzeitig ist es nur ein Beginn. Und ein immer wieder neues Beginnen.

WIE WEITER? DISKRIMINIERUNGSKRITISCHE SPRACHVERÄNDERUNG ALS TEIL VON VERBUNDENHEIT

Diskriminierungskritische Sprachveränderungen sind ein Teil jeder sozialen Bewegung zu mehr Gerechtigkeit, Frieden und Wertschätzung. Mit diskriminierungskritischen Sprachveränderungen beginnen soziale Revolutionen. So, wie mit und durch eine Sprache, die nicht kritisch reflektiert und an Standards von ethischen Werten und dem Wunsch einer friedlichen Welt gemessen wird, umfassende und größere strukturelle Gewalt beginnt. Nicht umsonst also werden genau diese Sprachveränderungen so unglaublich debattiert, emotional aufgeladen, vereinnahmt, verworfen und immer wieder neu probiert, verändert und umgesetzt. Denn mit diskriminierungskritischen Sprachveränderungen ist Wirklichkeit, Vorstellbarkeit und damit die Welt veränderbar – und so notwendig und wichtig, wie dies jeden Tag zu jeder Zeit war und ist, so wichtig ist es gerade auch jetzt.

Nur durch ein genaues, respektvolles, differenziertes und vorsichtiges Formulieren ist Wertschätzung ausdrückbar, werden Anwesenheiten möglich, werden Verbindungen benenn- und spürbar, wird Unvorstellbares vorstellbar.

Nur durch ein genaues und differenziertes Lesen und Hinhören ist aufspürbar, wie in und mit Sprachhandeln Gewalt beginnt, normalisiert wird, zu einer allgemeinen Wahrnehmung erhoben wird.

Zur diskriminierungskritischen Sprachveränderung gehört also nicht nur das eigene Schreiben und Sprechen, sondern auch die Weise, wie du hörst und liest, was du hörst und liest und wie du damit wiederum umgehst und was du damit machst.

Diskriminierungskritische Sprachveränderungen sind also im ganz Großen ein wichtiger Teil sozialer Veränderungen hin zu Frieden und Gerechtigkeit. Gerechtigkeit, die nicht nur auf Menschen bezogen ist, sondern auf alles Lebendige.

Diskriminierungskritische Sprachveränderungen sind ein Teil von umfassenderen Kommunikationsveränderungen. Denn es handelt sich nicht nur um das Verzichten auf und Vermeiden von einzelnen Wörtern und/oder dem Anwenden neuer diskriminierungskritischer Sprachformen, sondern all dies ist auch Teil der Frage:

Wie will ich kommunizieren? Was will ich und was will ich wie kommunizieren? Und wie will ich mich informieren, bilden, austauschen?

Ideen zu diesen großen Fragen formuliere ich hier abschließend als Fragen, die jede Person für sich selbst überlegen, weitertragen und umformulieren kann. Sprachhaltung zu zeigen, heißt also umfassend, nicht sprachlichen Normsetzungen hinterherzurennen, sondern ihnen in Bezug auf Diskriminierungen immer kritisch-offen gegenüber eingestellt zu bleiben.

Wie willst du dich informieren, bilden austauschen?

Damit meine ich nicht nur:

- Welche Zeitungen liest du oder welche Internetmedien konsumierst du?
- Auf welche Medien und Stimmen vertraust du?
- Welches Wissen autorisierst du selbst auch durch die Weise, wie du sprichst und schreibst und zuhörst?

Darüber hinaus gehört für mich zu dieser Frage auch und grundsätzlicher, auf welche Wissensformen du dich beziehst.

- Was ist für dich Wissen?
- Welchem Wissen sprichst du durch deinen Bezug auf dieses Autorität zu?
- Welches Wissen zitierst du in Diskussionen, siehst du als meinungsbestimmend für dich an?
- Von wens und was lernst du?
- Was lehrt dich ein Roman, ein Vortrag, ein Gespräch auf der Straße, der Wind, eine Vogelstimme?

In einer Kultur, die akademisches Wissen als unhinterfragt annimmt, sind bestimmte Kritiken an genau dieser Wissensformation nicht mehr stellbar. Diese Setzung ist von antirassistischer, feministischer* und antiklassistischer Seite vielfach formuliert worden. Auch wird durch eine unhinterfragte Normsetzung von akademischem Wissen das Erfahrungswissen und die Erfahrungskompetenz von Diskriminierten häufig nicht gehört oder wichtig genommen. Es ist aber nicht ein repräsentativer Zufall, dass diskriminierte Personen viel weniger Anteil an dem autorisierten akademischen Wissen haben als umfassend privilegierte Personen. Auf diese Weise werden Privilegien als neutrale Norm gesetzt und die Erfahrungskompetenz Diskriminierter abgewertet. Durch dein eigenes Verhalten und Dich-Beziehen auf andere Wissensformen, durch ein Reflektieren davon, wie Menschen in autorisierten Sprechpositionen in Bezug auf Diskriminierungen positioniert sind, kannst du dies kritisch hinterfragen und andere Sprachhandlungen für dich und in deinem sozialen Umfeld vollziehen.

Wie willst du kommunizieren?

Diskriminierungskritische Sprachveränderungen sind ein Teil eines wertschätzenden, respektvollen Kommunizierens. Kommunizieren besteht dabei natürlich aus mehr als den konkreten Wörtern, die du benutzt. Um dies zu reflektieren, ist es möglich sich selbst die folgenden Fragen zu stellen:

- Wie ist deine Haltung zu anderen im Kommunizieren?
- Bist du offen, neue Meinungen und Aspekte zu hören?

Eine wichtige Selbstüberprüfung kann es sein, ob du offen und konzentriert zuhörst. Lässt du dich auf die Erzählung einer anderen Person ein? Oder wartest du mehr oder weniger ab, dass diese fertig wird, damit du das, was du bereits im Kopf vorformuliert hast, endlich äußern kannst?

Viele Formen eines respektvollen Kommunizierens wären eine große Veränderung zu bisherigen Kommunikationsmustern. Es würde heißen, dir Zeit zu nehmen für Gespräche, Aussagen zu paraphrasieren, um vielleicht zu überprüfen, ob du auch wirklich das gehört hast, was die andere Person gesagt hat.

Es könnte bedeuten, zwischen dem Reden der anderen Person und deiner Person immer jeweils eine kleine Pause einzubauen, um überhaupt erst nachspüren zu können, was das mit dir macht, was die andere Person gesagt hat. In alltäglichen Kommunikationsroutinen, die nach Modellen der Schnelligkeit und Effizienz funktionieren, wirkt dies vielleicht befremdlich, anstrengend und ungewöhnlich. Meine Erfahrung ist: Umso mehr Raum du Kommunizieren von Anfang an einräumst in jeglichen Beziehungen, umso weniger Missverständnisse und Verletzungen gibt es, die sich weitertragen, verfestigen, die Vorurteile aufbauen und bestätigen.

Ein anderer Aspekt davon, zugewandt und wertschätzend zu kommunizieren zu versuchen, würde dann auch bedeuten, bei dir selbst nachzuspüren, was du kommunizieren willst und warum du was kommunizieren willst. Es könnte für dich also bedeuten anzufangen zu differenzieren zwischen dem, was du beobachtest und dem, was du bewertest. Und zu versuchen dies auch für dich selbst trennen zu lernen und im Kommunizieren getrennt zu benennen.

Es würde darüber hinaus heißen, dein Fühlen wahrzunehmen und differenzieren zu lernen zwischen Sachebenen einer Aussage, zwischenmenschlichen Aspekten einer Aussage und deiner emotionalen Befindlichkeit. Alles kommunizierst du gleichzeitig. Kommunikationen aber fokussieren häufig nur einen Aspekt dieser Vielschichtigkeit, die in jeder Äußerung eine Rolle spielt. In der Regel ist dies die Sachebene. Wenn du anfängst zu verstehen, dass eine Äußerung aber sehr viele verschiedene, miteinander verbundene Aspekte hat, kannst du diese jeweils auch expliziter und transparenter ansprechen.

Dies wäre also ein weiteres diskriminierungskritisches Vorgehen im Kommunizieren: wahrzunehmen, dass jede Äußerung vielschichtig ist und diese Vielschichtigkeit im Kommunizieren mit anderen wahrzunehmen und zu versuchen, diese verschiedenen Ebenen einer Äußerung wahrzunehmen und nicht nur im Kommunizieren auf einer Ebene zu verharren.

Dies könnte sich auch dadurch einfacher gestalten, wenn du versuchst, diese Ebene in deinen eigenen Äußerungen wahrzunehmen und sie differenziert, konkret und transparent auszudrücken.

Teil dieser kommunikativen Praxis wäre es auch, von dir selbst zu sprechen und nicht über andere. Das heißt, dem Gegenüber keine interpretierenden Zuweisungen zu machen, sondern stattdessen deine Wahrnehmung oder dein Fühlen zu etwas als genau das zu benennen: dein Wahrnehmen und dein Fühlen.

Nicht:

»Du bist so faul, immer muss ich alles machen.«

Sondern:

»Ich fühle mich herausgefordert und mit den Aufgaben, die hier anliegen, überfordert. Ich nehme es so wahr, dass wir eine ungleiche Aufgabenverteilung oder -wahrnehmung in unserer WG haben.«

Diese Äußerung ist nicht nur eine Ich-Botschaft. Sie ist auch komplexer und konkreter in ihrem Ansprechen dessen, worum es geht. Auf diese Weise eröffnet sie auch vielfältigere Kommunikationangebote ans Gegenüber. Sie macht es durch ihre Transparenz möglich, dass es zu einer Diskussion führen könnte, dass es vielleicht unterschiedliche Einschätzungen dazu gibt, was gemacht werden müsste oder sollte in der gemeinsamen Wohnung, und dass es unterschiedliche Lösungswege gäbe.

Sprachhaltung zu zeigen ist also eine Entscheidung zu einem respektvollen, umfassend verbundenen Sein mit allem Lebendigen. Dies wird kontinuierlich herausgefordert: Durch die grammatischen Normen, die Menschen über alles stellen, durch die Sprachformen, die »alle benutzen« und manchmal differenziertere Vorstellungen und Wahrnehmungen verunmöglichen, durch die Formen, wie Menschen miteinander kommunizieren.

Alles das ist veränderbar.

Alles das ist zu verändern, willst du einen Beitrag zu einer diskriminierungskritischen Gestaltung der Welt leisten.

Dieses Buch gibt dazu viele unterschiedliche Inspirationen für Menschen, die sprachhandelnd Welt diskriminierungskritisch gestalten wollen.

Es gibt nichts zu verlieren.
Außer die eigene Anwesenheit.
Es gibt die Chance auf ein verbundenes Sein.
Auf ein Miteinander, Respekt und Zugewandtheit.

Wie schreibe ich divers? Wie spreche ich gendergerecht?

Ein Praxis-Handbuch zu Gender und Sprache

Lann Hornscheidt & Ja'n Sammla

160 Seiten | 8 € | ISBN 978-3-945644-21-8

Wie können Texte, Formulare, Nachrichten und Gespräche so formuliert werden, dass sich auch Personen angesprochen fühlen, die sich nicht als Frauen und Männer verstehen? Welche Formen gibt es für genderneutrale Begrüßungen und Anreden, schriftlich und mündlich? Wie können Formulare, Rechnungen, Anschreiben und tägliche Kommunikation gestaltet werden, ohne zu diskriminieren?
Diese Fragen und viele mehr werden mit konkreten Formulierungsvorschlägen beantwortet und anhand zahlreicher Beispiele illustriert. Der Leitfaden hilft beim Formulieren in verschiedenen Alltags- und Berufssituationen – als kleines Nachschlagewerk, als immerwährende Inspirationsquelle, zum Nachdenken und Diskutieren mit anderen.

w_orten & meer –
Verlag für verbindendes diskriminierungskritisches Handeln

w_orten & meer ist ein non-profit Verlag ~ Bücher und Publikationen sind für uns eine wertschätzende Gestaltung von Welt. Wir verlegen Bücher, die zu intersektionaler Gewalt empowernde Perspektiven eröffnen und neue Ausdrucksweisen anbieten.

Der Verlag arbeitet sozial und ökologisch nachhaltig: bei der Herstellung und dem Transport der Bücher, beim Einrichten und Unterhalten des Büros und auf der Ebene der Bezahlung von Menschen, die an den verschiedenen Produktionsschritten für ein Buch beteiligt sind.

Weitere Informationen zu unserer Arbeitsweise sowie unser Gesamtprogramm finden sich auf unserer Webseite:
www.wortenundmeer.net